hänssler

CHRISTA MEVES

Kraft, aus der du
leben kannst

Geburtstagsbriefe für Heranwachsende

Christa Meves, frei praktizierende Kinder- und Jugendpsychothera-
peutin in Uelzen, Arztfrau und Mutter zweier Töchter, sechs Enkel.
Seit 1978 Mitherausgeberin der Wochenzeitung Rheinischer Merkur.
Bisher 91 Buchpublikationen. Gesamtauflage über 4 Millionen, Überset-
zungen in 12 Sprachen.

hänssler-Taschenbuch
Bestell-Nr. 392.982
ISBN 3-7751-2982-0

© Copyright 1998 by Hänssler-Verlag, Neuhausen-Stuttgart
Umschlaggestaltung: Dialog Werbeagentur
Titelfoto: Beate Binder
Satz: AbSatz Ewert-Mohr
Druck und Bindung: Ebner Ulm
Printed in Germany

Inhalt

Eine unerlässliche Einführung

Dieses Buch hat eine ganz bestimmte Absicht. Es ist aus dem Mitleiden an der Orientierungslosigkeit vieler junger, aber auch schon mancher Vertreter der älteren Generation erwachsen. Vielen fehlt die Möglichkeit, das Böse vom Guten zu unterscheiden, manchmal selbst dann, wenn der Widerspruch zu der Rechtssprechung unseres Staates auf der Hand liegt. Manchen Jugendlichen geht erst auf, etwas Unrechtes getan zu haben oder einen sie selbst schwer schädigenden Weg eingeschlagen zu haben, wenn sie tief im Elend sitzen. So klagen dann bei mir in der Sprechstunde, manche, indem sie sich wortwörtlich die Haare raufen, dass sie nicht gewusst hätten, »was Sache ist«. Das hat sicher sehr viel damit zu tun, dass man sich im Erziehungsbereich scheut, den Kindern mit moralisch erhobenem Zeigefinger scheinkluge Sprüche als Lebensregeln mit auf den Weg zu geben. Man fürchtet, dass darin eine überhebliche Sicherheit der Alten zum Ausdruck käme oder in starrer Rechthaberei etwas allein für die Alten gültiges den Kindern aufgenötig werden soll. Man empfindet das als Anmaßung, weil auf diese Weise in der ersten Hälfte dieses Jahrhunderts gelegentlich Moral als Unterdrückungsinstrument gebraucht wurde.

Unser Zeitgeist heute will deshalb keine Sicherheit vermitteln, sondern schwört auf die Wahrhaftigkeit des »Nicht-wissen-Könnens« als neuer Tugend. Es kam zu einem reaktionären Rückfall in den Rousseauismus, in das utopische Bild vom – seiner Natur nach – guten Menschen, der allein durch seine Umwelt verdorben werde. Neu für das 20. Jahrhundert zurechtgestutzter Marxismus nahm sich dieser Strömungen an (die Gesellschaft ist an allem Schuld!) und machte »Emanzipation« zum Ziel aller Erziehung. Das Recht auf Befreiung, das Recht auf absolute, individuelle Freiheit, der Kampf gegen die sich behindernde Welt der Bourgeois wurde durchgängig – mehr oder weniger bewusst – zum erzieherischen Hauptziel für die junge Generation erhoben.

So berechtigt und nötig es nun freilich ist, Kinder und Jugendliche davor zu bewahren, in ein starres Korsett vorgefertigter Handlungsanweisungen gepresst zu werden, so schlimm ist es, aus Angst davor dem ebenso gefahrenreichen Gegenteil das Wort zu reden und gewissermaßen das Kind mit dem Bade auszuschütten. Jugendlichen die Vorstellung vorzugaukeln, sie wären grundsätzlich frei, sie hätten grundsätzlich das Recht, das zu tun, was ihnen gerade beliebt, hat viele negative Folgen, die bei uns längst breitflächig eingetreten sind: Im besten Fall werden die Jugendlichen unsicher, ängstlich und durch ihr Nichtwissen so hin und her gezerrt, dass ihre Aktivität allgemein gemindert wird. Schlimmer ist es, wenn durch den Mangel an Orientierung ein Vakuum entsteht, so dass zweckgerichtete, selbstsüchtige Manipulierer und Verführer leichtes Spiel haben, die verirrten, suchenden Geister mit ihren Schalmeien utopischer Parolen einzufangen. Am verheerendsten wirkt sich aber bei dieser Geisteshaltung aus, dass die unrealistische Vorstellung eines unbegrenzten Handlungsfreiraumes eine Überschätzung der seelisch-geistigen Fähigkeiten, der menschlichen Willensstärke und seiner Widerstandskraft gegen das Böse zur Folge hat. Das aber kommt einer verantwortungslosen Vernebelung, einer fahrlässigen Verletzung der Aufsichtspflicht, einer unzulänglichen Lebensvorbereitung gleich.

Es ist ebenso eindrucksvoll wie schmerzlich zu beobachten, dass Entfesselung als oberste Prämisse der Erziehung zu einer gefährlichen Zügellosigkeit junger Menschen führt, die ihnen schadet und sie – im Grunde mit Recht – wütend auf die Alten macht. Zwar rügen dann die Heranwachsenden ihre Erzieher nicht wegen der Zügellosigkeit, die man den Jungen zubilligte und die es ihnen im Erwachsenenleben schwer macht, zurecht zu kommen, sondern wegen der »Zwänge«, denen sie sich nun doch gegenübersehen; obgleich die meisten dieser Zwänge nichts mit Unterdrückung, sondern lediglich mit den »Dornen und Disteln« des Lebens schlechthin zu tun haben.

Wer Kinder und Enkel hat, steht diesen Prozessen voller Sorge gegenüber. Müssen sie nun wirklich erst in jeden Sumpf hineingeraten, diese Jungen, deren Pflege in der langen Kindheit doch so viel Einsatz erforderte? Soll das alles umsonst sein, muss man sie wirklich an diesen Trend ausliefern, an die Anweisung: »Kinder, lasst nichts aus ... Werdet gesättigt nicht satt.« (wie z. B. Günter Grass seine noch kindlichen Söhne im Tagebuch einer Schnecke zu sexuellen Betätigungen auffordert)?

Eltern, die ihre Kinder lieben und die ein Bewusstsein über die Gefahren eines sich selbstbestimmenden Lebens vom vierzehnten Lebensjahr ab haben, wollen das nicht. Viele von ihnen haben auch bereits selbst die Erfahrung gemacht, dass sie durch das unrealistische Welt- und Menschenbild, das man ihnen aufnötigte, in gefährliche Situationen geraten sind, die sie ihren Kindern nicht wünschen. Manche Eltern spüren, dass nicht alles aufgegeben werden kann, was die Alten sie lehrten, und was sie meinten, abtun zu können wie ein zu eng gewordenes Kleid. Denn selbst die Schule und vielerorts sogar die Kirche verfielen diesem

Trend, den Kindern statt Orientierung die breite Palette der Möglichkeiten unverbindlich anzubieten und ihnen ihren Anspruch darauf einzuimpfen. Sie taten es im Geist der Bescheidung, der sogenannten Antipädagogik, der sich Beeinflussung der Kinder nicht anmaßt. Kinder missverstehen so etwas aber als Gleichgültigkeit. Solche Trends gehen auch am erzieherischen Auftrag der ältesten Generation vorbei; denn der Mensch ist auf das Lernen an Vorbildern angewiesen. Er bringt einen zwar bedingten, aber doch beträchtlichen Verhaltensspielraum mit, der es nötig macht, mit Hilfe der Erzieher das Schädliche vom Unschädlichen unterscheiden zu lernen.

Dass das Menschenbild der Antipädagogik der Wirklichkeit nicht entspricht, lässt sich im Ausufern der Süchte, der Kriminalität, der Zunahme an zerstörerischem und selbstzerstörerischem Geist ablesen.

Die Zeit ist reif, um zu erkennen, dass die Möglichkeit des Missbrauchs von Ordnungen und orientierenden Vorgaben nicht den Schluss zulässt und die Folge haben sollte, Ordnungen und Orientierungen gänzlich aufzugeben, sondern lediglich unterscheidend den Missbrauch zu vermeiden, den wertvollen Brauch aber zu pflegen. Dazu gehört vor allem, dass wir uns wieder auf den Boden des christlichen Welt- und Menschenbildes stellen; denn es enthält nicht nur bewährte Orientierungen, sondern es ist so wahr und so realistisch, dass ihm Zukunft inne wohnt. Es spornt an, auf die Liebe zu setzen und uns an ihr zu orientieren; denn dann haben wir die Möglichkeit, einerseits zeitgemäß und fortschrittlich zu sein und andererseits, im absoluten Wurzelgrund fußend, unsere Grenzen zu erkennen.

Aber wie lässt sich das unseren Kindern vermitteln? Eltern suchen nach solcher Hilfe. Ihr freundliches Zureden im Jugendalter ihrer Kinder wird von Jahr zu Jahr mühsamer. Es stößt auf immer taubere Ohren. Die Jugendlichen werden lautlos von den großen, unsichtbaren Netzen der Verführung, der Schrankenlosigkeit und Selbstherrlichkeit eingefangen.

Hier setzt das vorliegende Buch an. Es möchte Eltern, Lehrer und Pfarrer beim Umgang mit den Heranwachsenden erzieherische Hinweise geben, die auf gar keinen Fall fehlen sollten. Sie ist gedacht als Hilfe und Anregung zum Schreiben von ähnlichen Geburtstagsbriefen an Kinder und Enkel.

Die Aussagen der Briefe mögen – den jungen Jubilaren direkt zu ihrem jeweiligen Geburtstag vorgelegt – für manches Kind und manchen Jugendlichen verfrüht sein; aber wir kommen heute nicht darum herum, unsere Kinder rechtzeitig mit Schutzmänteln gegen die Gefahren unserer Zeit zu versehen. Der Inhalt der Briefe muss deshalb in vielen Fällen eher in kleinen, konkreten Portionen durch die Eltern, Lehrer, Pfarrer und Großeltern allmählich und oft wiederholt in der jeweiligen Altersstufe vermittelt werden.

Da man unsere Kinder heute durch die Forderung nach Selbstbestimmung allgemein in die Verfrühung hineinnötigt, können wir mit den orientierenden Anweisungen selbst dort nicht warten, wo wir uns das aus entwicklungspsychologischer Sicht wünschen würden. Die Warnungen können aus Verantwortungsgefühl nicht aufgeschoben werden!

Im Hinblick auf dieses Buch bedeutet das, dass mindestens seine erste Hälfte zunächst mehr von den Erziehern gelesen werden sollte, die sich dann zu altersgerechten Interpreten der Inhalte machen. Vom sechzehnten Geburtstag ab kann die Schrift den Jugendlichen dann selbst in die Hand gegeben werden.

Die Briefe sind fingiert. Sie sind an ein Zwillingspaar gerichtet, das exemplarisch für die altersentsprechend angeschriebenen Kinder und Jugendlichen stehen. Da ich ähnliche Geburtstagsbriefe an meine vielen Patenkinder geschrieben habe, bin ich auf die Idee gekommen, die Versuche zur Erziehungshilfe in diese Form zu kleiden. Denn schließlich bedeutet christliche Patenschaft mehr als ein wenig oberflächliche Begleitung.

Ich hoffe, mit dieser kleinen Schrift denjenigen nachdenklichen jungen Menschen Orientierungshilfe zu geben, die nicht einfach im Strom des Zeitgeistes mitschwimmen wollen, sondern die hellhörig und offen sind für die Liebe und Sorge, mit denen sie von den Älteren umgeben sind.

ZUM 9. GEBURTSTAG

Nichts ist selbstverständlich — Dankbarkeit

Liebe Christine, lieber Christian!

Übermorgen habt ihr Geburtstag – und so ganz wirklich ist es für mich als eure Patin gar nicht zu begreifen, dass ihr nun schon neun Jahre alt werdet, dass es schon neun Jahre her ist, seit ihr beide geboren wurdet, und dass ihr im Nu schon so große, verständige Kinder geworden seid, denen man Briefe schreibt, die ihr selbst lesen könnt. Ich habe mir deshalb ausgedacht, von nun an euch beiden, zu eurem Ehrentag alljährlich einen möglichst »nahrhaften« Geburtstagsbrief zu schreiben. Ich hoffe, euch damit durch die Jahre bis zum Großwerden noch in besonderer Weise zu begleiten. Ich sehe euch nur gelegentlich, und doch bin ich sehr mit euch verbunden und denke viel an euch. Vielleicht kann ich euch auf diese Art sogar noch etwas näher sein, als das im Alltag immer möglich ist.

Ich möchte euch zunächst einmal von ganzem Herzen zu eurem Geburtstag Glück wünschen. Dass das diejenigen alljährlich tun, die euch lieb haben und euch wohl wollen, das ist euch seit einigen Jahren (samt den dazu gehörenden Geschenken) schon ziemlich geläufig geworden. Für eure Gratulanten, ganz gewiss für mich als eure Patin, ist das aber mehr als eine höfliche Redensart, und zwar einerseits der Ausdruck vieler inniger Wünsche für euer weiteres

Leben wie auch Ausdruck von ganz viel Dankbarkeit für euer Leben bisher.

Was ich damit meine, möchte ich euch gerne erklären. Erstens, weil ihr nun schon so groß seid, dass es euch erklärbar ist, und zweitens, weil ich hoffe, dass es euch nützlich ist, über solche Dinge an eurem Ehrentag ein wenig nachzudenken. Ich weiß nicht, ob ihr in der Schule schon so weit seid, dass ihr ausrechnen könnt, wie lange euer Leben eigentlich schon dauert. Ein Jahr – das ist euch gewiss schon bekannt – hat dreihundertfünfundsechzig Tage. Neun gelebte Jahre enthalten also dreitausendzweihundertfünfundachtzig Tage. Ein Tag hat rund um die Uhr vierundzwanzig Stunden, das sind achtundachtzigtausendachthundertvierzig Stunden. Was für viele Stunden! In all diesen Stunden habt ihr, seit ihr euren ersten Atemzug tatet, gelebt, manchmal ein wenig unbehaglich – manchmal mit Fieber, Erbrechen oder Unwohlsein, gelegentlich sogar mit Schmerzen, z. B. durch ein frisch aufgeschlagenes Knie, aber meistens doch gesund, fröhlich und von Tag zu Tag wachsend. Es ist eigentlich ganz unvorstellbar, dass das so ist, dass das so hat sein dürfen achtundachtzigtausendachthundertvierzig Stunden lang; denn es ist so überhaupt nicht selbstverständlich. Es könnte auch alles ganz anders sein. Für uns Große war das auch im Hinblick auf euch von Anfang an überhaupt nicht selbstverständlich; denn du, Christine, kamst als ein Fliegengewicht auf die Welt, und am Anfang war es gar nicht so sicher, dass deine Eltern dich wirklich behalten und großziehen durften. Wir alle haben sehr aufgeatmet, als du nach einigen Wochen mit mancher Extramühe schließlich soviel wogst, wie ein neugeborenes Kind normalerweise wiegt.

Und du, Christian, hattest eine Gelbsucht und eine verrenkte Hüfte. Sorgen also schon am Anfang – große Sorgen zunächst, die glücklicherweise ebenfalls mit Hilfe tüchtiger Ärzte überwunden werden konnten.

Aber darüber hinaus: Habt ihr wohl schon einmal daran gedacht, wie wenig selbstverständlich eure achtundachtzigtausendachthundertvierzig Stunden Leben in dieser Form eigentlich sind? Ihr habt in all diesen Stunden erfahren: Da ist meine Mama – sie ist immer da. Wenn sie mal weg ist, dann bin ich dennoch in guter Obhut bei Omi, die mit im Haus wohnt. Und immer, wenn eure Mutter einmal weg war und ihr habt sie gebraucht, dann kam sie immer bald wieder!

Wie sehr eure Mutter eigentlich ganz wirklich für euch da ist, das wisst ihr freilich nicht, weil wir Menschen ja das meiste, was wir in den ersten drei Jahren unseres Lebens erfahren, nicht in unserem Gedächtnis behalten. Aber ein wenig könnt ihr das jetzt ja an Susanne und Hendrik beobachten, was es für eine Mutter bedeutet, ein kleines Kind zu haben. Auch ihr habt eure Mutter in Anspruch genommen – rund um die Uhr! Das ist für Mütter schön, aber auch schwer; denn jeder Mensch wird müde, muss schlafen und sich erholen. Stellt euch einmal vor, eure Mama wäre nicht da, und ihr allein solltet Susanne und Hendrik betreuen. Puh – das ist nicht einfach! Aber dies alles habt ihr haben dürfen, Tag und Nacht in den ersten vierundzwanzigtausend Stunden eures Lebens. Das ist euch einfach geschenkt worden, einfach so. Freut euch mal darüber; denn viele Kinder haben das leider nicht. Ihre Mutter ist krank, tot oder schwach. Sie ist eben nicht da oder viel zu selten. Und das ist für ein Kind eine ziemlich schreckliche Sache.

Und ihr habt auch erlebt: »Da ist Vater.« Er ist zwar oft länger weg; aber auch er kommt immer wieder, und am Wochenende nimmt er sich Zeit für euch, fährt mit euch

Rad oder geht mit euch zum Schwimmen oder durch die Wälder. Er bringt euch viele Sachen bei, er zeigt euch die Tiere und lehrt euch, wie die Pflanzen heißen. Habt ihr schon einmal bedacht, wieviel Spaß das macht? Wie schön es ist, einen Vater zu haben? Der so viel kann, der vieles wieder heil macht, wenn es kaputt ist, der euch hilft, wenn beim Toben mal wieder was passiert ist, der euch beschützt, wenn euch jemand an den Kragen will? Der an euch denkt, auch, wenn er nicht da ist, der euch ganz fest lieb hat? Ich frage euch das so umständlich, damit ihr euch klar macht, was das für ein Glück ist und dass auch dies bei vielen Kindern traurigerweise nicht der Fall ist. Nicht, damit ihr dadurch, dass euch das bewusst wird, hochmütig werdet – denn »verdient« habt ihr das ja eben nicht – sondern damit ihr dankbar und besonders lieb und besonders freundlich zu den Kindern seid, die ein so großes Glück nicht haben: zwei Eltern, die von morgens bis abends sorgsam um ihre Kinder sind!

Ich schreibe das auch, damit ihr die winzigen, dunklen Wolken, die an diesem Glückshimmel immer mal auftauchen, nicht zu wichtig nehmt; denn natürlich – auch bei und mit den besten Eltern – gibt es ja mal Krach. Meistens und großenteils, weil ihr Schlingel wieder etwas angestellt habt, was Mutter und Vater nicht durchgehen lassen können. Ihr könnt schließlich nicht alles einfach kaputt machen, ihr müsst lernen, Ordnung zu halten; irgendwann muss der Mensch ins Bett, ob er das nun will oder nicht.

Natürlich gibt es auch das: dass man Schimpfe bekommt und keine Schuld hat, weil die Eltern nicht den wahren Übeltäter erwischten oder weil sie selbst nicht ausgeschlafen oder irgendwelche Sorgen haben, so dass sie etwas »nervt«. Im Grunde »nervt« euch auch bereits manches – und man darf einfach selbst von den liebsten Eltern nicht erwarten, dass sie nicht auch einmal aus der Haut fahren, weil sie keine Kraft zur Geduld mehr haben. Eltern sind keine Friedenstauben, die mit sanftem Flügelschlag über dem Dachfirst schweben. Sie stecken ja mittendrin in all dem Alltagsgewühle, und sie sind auch nur Menschen. Das müsst ihr euch sagen, wenn ihr euch einmal schlecht oder ungerecht behandelt fühlt. Das müsst ihr nicht auf die Goldwaage legen. Gerade, wenn man auf seine Eltern wütend ist, muss man sich – jedenfalls, wenn der schlimmste Zorn verraucht ist – daran erinnern, wie schön es ist, dass man Eltern hat, dass sie es gut mit einem meinen, dass sie sich ganz viel Mühe geben, und dass ihr selbst schließlich auch keine Engel seid. Dass ihr manchmal ganz schön auf ihren Nerven steht, dass ihr selbst ganz bestimmt nicht im Umgang mit euren Geschwistern die wandelnde Gerechtigkeit seid. Sagt euch, wenn so etwas passiert: »Das eben hat mir nicht gepasst bei Mama, bei Papa; aber das meiste, was sie tun, ist schließlich nicht blöd!«

Wenn ihr euch so einstellt, könnt ihr vielleicht am nächsten Tag ohne Schmollmund noch einmal darüber sprechen, so dass ihr zusammen zu einem besseren Ergebnis kommt.

Aber es ist nicht nur nicht selbstverständlich, dass ihr gesund herangewachsen seid, und dass Menschen um euch sind, die euch lieb haben und deshalb für euch sorgen. Überhaupt nicht selbstverständlich ist es auch, *wie* ihr lebt. Ihr habt eine Wohnung, ihr habt jeder ein eigenes Bett, ihr habt eine Heizung, so dass ihr im Winter nicht frieren müsst, und ihr habt Wasser, ganz viel Wasser; genug zum Trinken, genug zum Waschen, genug, damit es bei euch schön ist und sauber und ohne Gestank. Ach, Christian und Christine, das ist fast schon wie ein Wunder. Weniger als die Hälfte aller Kinder auf dieser Erde, die so alt sind wie ihr, können in einem so herrlichen Leben aufwachsen. In vielen Ländern haben die Menschen vielmehr überhaupt keine Wohnung, geschweige denn Betten oder gar Waschmaschinen, Toiletten und Badezimmer. Viele andere haben als Familie gerade ein einziges Zimmer. Könnt ihr euch vorstellen, was das für ein Gewühle ist?

Aber eine riesig große Zahl von Kindern hat nicht einmal so viel zu essen, dass sie davon satt werden. Ha, ihr! Ihr meckert, wenn am Gemüse zu viel Petersilie ist und in der Suppe mal ein Brocken fettes Fleisch schwimmt. Aber – um euch das Zahlenverhältnis klar zu machen: Wenn es nur hundert neunjährige Kinder auf der Welt gäbe, so kämen allenfalls zwanzig auf die Idee, dies oder das nicht zu mögen, weil sie tagaus, tagein mehr als satt werden. Die anderen achtzig wären mit allem zufrieden und würden es gierig in sich hineinmampfen – selbst Haut auf der Milch, trockene Pellkartoffeln oder sauren Magerquark. Sie würden meinen, sie seien im Paradies, wenn sie von irgendetwas so viel essen könnten, dass sie satt würden. Stellt euch das vor, was das heißt: an allen dreitausendzweihundertfünfundachtzig Tagen eures Lebens habt ihr ohne Ausnahme satt werden dürfen!

Bisher wart ihr zu klein, um zu begreifen, wie unfasslich das ist. Aber nun seid ihr groß und dürft noch glücklicher darüber werden, wenn euch bewusst wird, wieviel Glück ihr bisher in eurem Leben gehabt habt.

Wieso habt ausgerechnet ihr es so gut? Keiner von uns Erwachsenen kann euch diese Frage beantworten. Wir können es nur staunend zur Kenntnis nehmen. Deshalb:

Esst sie mit Verstand, eure Geburtstagstorte; denn dass ihr satt werden dürft, ist ein riesengroßes Geschenk, und keiner kann uns garantieren, dass das immer weiter so bleibt. Die Hoffnung haben, dass es so bleibt, können wir nur, wenn auch ihr Kinder schon in euer Bewusstsein nehmt, wie wenig selbstverständlich das ist.

Für Geschenke muss man sich bedanken, das haben euch eure Eltern schon gelehrt; sonst verliert der Geber bald die Lust, einem etwas zukommen zu lassen. Euer Leben hier in eurem Elternhaus, in einem Land, in dem Frieden ist, in dem keiner zu hungern und zu frieren braucht, ist euch von Gott und euren Eltern geschenkt worden. Verdient hat es keiner von uns! Deshalb danken wir Gott bei Tisch und bevor wir schlafen gehen. Aber vom neunten Geburtstag ab wird es nötig, dass man diese Gebete nicht mehr nur plappert, weil man es so gewöhnt ist. Ab neun kann man wissen, was unsere Gebete bedeuten, und dass wir allen Grund haben, Gott mit Jubel zu danken, mindestens mit soviel Freude, wie zu Weihnachten, wenn man von den Großeltern ein Fahrrad geschenkt bekommen hat.

Man kommt auch mit seinen Eltern, besonders nach einem Streit besser zurecht, wenn man sich klar macht, dass es nicht selbstverständlich ist, dass sie euch treu geblieben sind; dass man Kinder auch weggeben kann, in Heime oder zu fremden Leuten; dass manche Eltern das auch tun, dass eure es auch tun könnten, aber dass sie euch so lieb haben, dass sie selbst nicht im Traum auf solche Gedanken kommen. Selbst dann würden sie das nie, niemals tun, wenn ihr ganz frech und ganz undankbar wäret; aber dieses ist doch auch ein Grund, ihnen sehr dankbar zu sein!

Für euer neues Lebensjahr wünschen wir euch von ganzem Herzen, dass ihr bewahrt bleibt vor Unfällen, Krankheit, Unglück, dass ihr fröhlich bleibt und jeden Tag nicht nur mit dem Körper ein Stück wachst, sondern auch an Liebe und Verstand zunehmt. Dass ihr jeden Tag ein bisschen wacher werdet und bewusst Erfahrungen macht. Je mehr man versteht, desto mehr hat man zu fragen. Für die ganz großen Fragen haben auch wir Erwachsenen kaum einmal eine fertige Antwort. Oft kann man nur staunen, statt zu wissen.

Auf jeden Fall lohnt es sich, mehr und immer mehr nachzudenken und die zu fragen, die auf einer langen Strecke Lebensweg nachgedacht haben. Ich freue mich, wenn ihr mich bald wieder einmal jeweils allein besucht, damit wir genug Zeit haben, über all das zu sprechen, wonach ihr fragt.

In Liebe
Eure Patin

ZUM 10. GEBURTSTAG

Der Wert von Familie, Heimat, Geschichte

Liebe Christine, lieber Christian!

Seit einer Woche freue ich mich schon auf diese Stunde, auf den Abend, an dem es Zeit wird, euch einen Geburtstagsbrief zu schreiben. Seit einer Woche seid ihr besonders viel in meinen Gedanken – jeden Tag seid ihr an meiner Seite und mir fällt ein, was ich euch zu eurem Ehrentag schreiben will.

Ihr habt Geburtstag, lieber Christian, liebe Christine. Ich gratuliere euch dazu von ganzem Herzen – zehn Jahre alt werden – zum ersten Mal eine zweistellige Zahl zu erreichen, das ist viel! Das ist wirklich etwas Neues, der Eintritt für euch nicht nur in eine andere Schule, sondern in einen anderen Zeitabschnitt: Wenn ihr noch einmal so lange gelebt habt wie bis jetzt, seid ihr ein ausgewachsener Mann – eine ausgewachsene Frau, vielleicht schon aus dem Haus, vielleicht uns schon entwachsen. Es gibt für uns, eure Angehörigen, viel zu tun in dieser Zeit; denn wir haben euch lieb und wir wollen es nicht unterlassen, euch all das an Gedanken und Ratschlägen mitzugeben, was euch in eurem Leben später dienlich sein kann, was es euch möglich macht, ihm gewachsen zu sein und glücklich zu werden.

Eine Voraussetzung dazu besteht darin, dass man sich darum bemüht, einen Überblick über die eigene Lage zu bekommen. Das ist nicht selbstverständlich. Jede Pflanze, jedes Tier lebt ihr bzw. sein Leben und weiß dennoch nichts davon. Kleinen Kindern geht das nicht anders. In diesen euren ersten zehn Lebensjahren habt ihr uns allen zwar unmissverständlich bewiesen, dass ihr einen festen, manchmal ganz schön dickköpfigen, auf jeden Fall aber einen gesunden eigenen Willen habt, dass ihr euch durchzusetzen versteht, aber um einen Überblick zu bekommen, wart ihr einfach noch zu klein.

Jetzt, nach euren ersten, fast vier Schuljahren, seid ihr da schon näher dran. Ihr wisst mittlerweile, dass ihr in der Bundesrepublik Deutschland lebt, dass das ein Staat ist unter vielen anderen Staaten im Erdteil Europa, und dass Europa einer der fünf Kontinente auf der Weltkugel Erde ist, auf der fünfeinhalb Milliarden Menschen leben. Ihr wisst nun schon, dass die Bundesrepublik Deutschland in sechzehn Länder aufgeteilt ist, und dass ihr in einem davon lebt. Dort haben eure Eltern in der Nähe von einer Großstadt mit euch eine Wohnung. Ihr seid eine Familie.

Ich fürchte, es langweilt euch, wenn ich euch das noch einmal hier so langatmig aufschreibe; denn das wisst ihr ja. Aber ich tue das in einer bestimmten Absicht: Wir wachsen in unserem Leben allmählich in ein Wissen über unseren Standort hinein; aber wenn wir nicht nachdenken, wird uns das alles nicht so bewusst, wie es eigentlich für uns gut wäre. Eine Familie sein – was heißt das? Es heißt genau dies: dass man fest, ganz fest zusammen gehört – ein Leben lang. Es ist dumm, wenn man sich das nicht rechtzeitig klar macht und sich nicht darum bemüht, dass dieses Wissen erhalten bleibt. Eltern, die ihre Kinder aus Liebe in die Welt gesetzt haben, lieben ihre Kinder lebenslänglich, und es ist einfach blöd, vom zehnten Geburtstag ab zu meinen, man hätte so viel mehr Weisheit mit Löffeln gegessen als sie, dass man ihren Schutz, ihren Rat, ihre Liebe beiseite tun könne wie eine abgetretene Fußmatte.

Viele Kinder heute denken leider so, weil ihnen das irgendwelche TV-Stücke oder Comics eingeflüstert haben. Das ist schrecklicher Hochmut, den mancher junge Mensch sogar schon bitter bezahlt hat. Es lohnt sich, auf die zu hören, die einen lieben; es lohnt sich, sie sich warmzuhalten, statt ihnen das Leben so schwer zu machen, dass sie den Mut verlieren. Natürlich müsst ihr eine eigene Meinung, einen eigenen Willen, einen eigenen »Kopf« haben, das ist gewiss. Du, Christian, bist nicht einfach Vater in jung, du bist Christian. Du, Christine, bist nicht einfach ein Abklatsch von Mutter – ihr seid etwas Neues und Einmaliges. Das wird sich sogar in den folgenden Jahren noch sehr viel mehr ausprägen, und ich werde in meinen Geburtstagsbriefen noch öfter im Einzelnen darauf zu sprechen kommen. Ihr dürft – ihr sollt ihr selbst sein und werden.

Aber das billigen euch eure Eltern ohnehin zu, dafür haben sie euch schon zahlreiche Beweise geliefert. Für euch kommt es vielmehr darauf an, euch klar zu machen, dass Eltern wie zwei mächtige Balken sind, auf denen man seinen Lebensturm bauen kann, und dass er um so höher werden kann, je besser man diese Balken pflegt und erhält. Das soll heißen: Eltern brauchen auch mal ein liebes Wort, eine flinke Hilfe, Freundlichkeit und Aufmerksamkeit. Auch Mutter ist mal müde. Was meinst du, wie schnell sie wieder hochkommt, wenn sie merkt: Ihr Christian nutzt das nicht etwa aus, sondern holt rasch selbst die Milch; ihre Christine räumt mit ab, deckt mit den Tisch! Sie spürt, ihre Kinder putzen an ihrem Elternbalken, weil sie wissen, wie nötig er für ihr Leben ist.

Zur Familie gehören ja noch viel mehr tragende Balken für den Lebensturm. Vor allem die Geschwister. Ihr habt zwei davon, einen Bruder und eine Schwester. Das ist schon eine ganz fabelhafte Sache, um die ihr zu beneiden seid; denn dadurch habt ihr im eigenen Haus Spielkameraden. Selbst wenn alle Kinder aus eurer Klasse oder in eurer Umgebung verreist sind: Ihr braucht nicht nach Freunden auf die Suche zu gehen. Ihr habt sie im eigenen Haus.

Ich sehe dich, Christian, jetzt unbehaglich auf deinem Stuhl hin und her rutschen, »Freund, Freund« wirst du denken, »Hendrik und mein Freund; wie oft hat er mich schon verpetzt, und Susanne mit ihrem Gejaule – die steht doch mehr im Wege, als dass sie was bring!« Stimmt, Susanne ist zur Zeit noch ein wenig zu klein, um als echter Kumpel in Frage zu kommen, und ihr beiden Brüder streitet euch manchmal, dass die Fetzen fliegen; das ist ziemlich lästig, unbequem und oft auch sehr ärgerlich, aber es hat auch viele Vorteile: Erstens trainiert man dabei seine Muskeln und seine Schlagfertigkeit, das heißt die Fähigkeit, sich zu verteidigen, ebenso wie die Kraft, Ärger auszuhalten.

Das sind alles Eigenschaften, die man sehr nötig braucht, wenn man später als erwachsener Mann mit dem Leben zurecht kommen will. Und wenn nun auch noch Christine anrückt und meint, dass Susanne doch oft ganz schön verwöhnt sei und sie sich das als Ältere nicht gefallen lassen könne – und es so zu manchem Streit käme, so möchte ich zu bedenken geben: In der Mehrzahl der Stunden zankt ihr euch keineswegs, sondern habt gemeinsam etwas vor. Ihr erlebt Jahr für Jahr viele Tagesstunden unaufhörlich gemeinsam. Und wieviele wunderbare Stunden sind dabei: Denkt an eure Geburtstage, an Weihnachten, an eure Ausflüge und Reisen, an die vielen, vielen Stunden drinnen und draußen, in denen ihr zusammen und in großer Einigkeit gespielt habt mit all den vielen selbst ausgedachten Ideen.

Das ist *nicht* nichts – das ist auch wie ein starker, tragender Balken für den späteren Lebenssturm; denn ihr habt längst schon in eurem Gefühl: Wir gehören zusammen! Dieses Zusammengehörigkeitsgefühl kann bewirken, dass ihr später, wenn mal irgendetwas nicht so glatt geht in eurem Leben, nicht allein seid. Dass ihr – selbst wenn ihr fern voneinander lebt – euch weiter aufeinander verlassen könnt.

Vielleicht werdet ihr jetzt denken: »Na ja, ob das bei mir wohl so wahr ist? So wie Mama habe ich, Christian, Hendrik jedenfalls nicht lieb.« Und du, Christine, magst von Susanne dasselbe denken. Vielleicht meint ihr: Die sind doch viel zu egoistisch.

Aber da möchte ich zurückfragen: »Hand aufs Herz, und seid ihr nicht auch manchmal gemein zu ihnen? Sind es allein eure Geschwister, die den Zank machen, und ihr spielt tagaus, tagein den Engel Gabriel?«

Bestimmt nicht, werdet ihr zugeben müssen – und so böse ist euer ganzes Gerangel schließlich auch meistens nicht. Im Grunde ist es ein bisschen ähnlich wie das Geschubse von schon halbflüggen Vögeln im Nest. Bei denen dreht es sich nämlich allein darum, dass sie den besten Brocken bekommen, dass sie den vordersten Platz haben, wenn die Eltern zum Füttern anfliegen. Es gibt ja sogar so grässliche Vögel wie den Kuckuck, der alle die Geschwister aus dem Nest wirft, weil er mehr Kraft als sie hat und schließlich der einzige ist, den die Eltern groß bekommen. Dabei merken sie noch nicht einmal, dass er gar nicht ihrer eigenen Brut entstammt!

Nun, so schlimm ist es bei euch nicht – aber ein bisschen

vom Kuckuckscharakter steckt auch in jedem von uns Menschen nach dem grausamen Motto der Natur: Selbst essen macht fett; erst komm ich – dann ein großer Bretterzaun – und dann alle anderen. *Ich* will die Schokolade haben, *ich* die größte Portion Pudding, *ich* den Ball, das Fahrrad, *ich* allein am meisten Zeit und Betreuung von Mutter und Vater. Ja, Christian und Christine, das steckt im Grunde hinter all den kleinen Gemeinheiten, die ihr euch gegenseitig antut. Das ist das Prinzip, auf dem die Natur uns leben lässt: »*Ich, ich* allein; *ich* will haben; denn *ich* will leben. Deshalb seid ihr anderen mir im Grunde ganz egal. Ich setze mich ohne Rücksicht durch. Jeder Nebenmann ist mir im Grunde ein Feind; denn er ist mein Konkurrent. Wenn ich nicht aufpasse, schnappt er mir alles weg, und ich habe das Nachsehen.«

Diese Rücksichtslosigkeit ist in den ersten Jahren unseres Lebens unser Hauptwesenszug; denn am Anfang leben wir nach der Art der Tiere und Pflanzen. Hauptsache, *ich* bleibe am Leben; Hauptsache, *ich* komme voran – das ist unser Motor. Und weil Geschwister dabei stören, zanken sie sich gelegentlich.

Aber ihr werdet nun zehn, und deshalb könnt ihr euch jetzt schon erzählen lassen, dass Menschengeschwister dennoch etwas anderes sind als Tiergeschwister. Menschengeschwister können sich das merken, dass selbst, wenn man Laufen und Sprechen, Lesen und Schreiben und sich selbst verteidigen gelernt hat, man keineswegs in allen Lebenslagen am besten allein zurecht kommt. Hast du, Christine, es nicht kürzlich erlebt, wie Christian dich rausgehauen hat, als die Meute hinter dir her war, dir deinen neuen Ball abjagen wollte? Vielleicht lebte Hendrik gar nicht mehr, wenn du, Christine, ihn nicht aus dem Dorfteich herausgezogen hättest? Das aber bleibt ein ganzes Leben lang so: Man braucht Menschen, auf die man sich verlassen kann, man braucht das wieder und immer wieder!

Jedenfalls ist es viel besser, wenn man diese Menschen hat, als wenn man sie nicht hat. Geschwister sind dafür auch sehr viel besser geeignet als Freunde. Du, Christian, hast das schon bei Alex gesehen: Ihr wart so dicke miteinander; aber dann zog die Familie weg – und heute würdet ihr euch kaum noch wiedererkennen. Und du, Christine, hast das mit Veronika erlebt: Sie kam in eine andere Klasse, fand sich mit Johanna zusammen und hatte mit dir nichts mehr im Sinn. Freunde können gut sein – aber selten bleiben die Bindungen über das ganze Leben bestehen und sind so fest, dass man in Notlagen wirklich füreinander das letzte Hemd auszieht.

Die Wahrscheinlichkeit, dass man solche Treue bei Bruder oder Schwester erleben kann, ist viel größer, weil ihr ja von den Eltern bis in euer Erwachsenenleben hinein zusammengehalten werdet.

Wir hoffen also, dass ihr jetzt eins verstanden habt: Was viel wert ist, muss immer auch wert gehalten, muss gepflegt werden. Das hast du, Christian, bei deinem Aquarium, und du, Christine, bei deinem Goldhamster längst im Kopf: Das Aquarium verschlammt, der Stall verkommt, und die Fische und Goldhamster gehen ein, wenn ihr euch nicht müht. Aber so ist es mit der Geschwisterliebe auch. Sie ist überhaupt nicht »natürlich«. Sie ist eine Sache, um die man sich Mühe geben muss.

»Wie?«, werdet ihr fragen. Nun, als erstes einmal, indem man sich klar macht, dass man in Wirklichkeit nicht ärmer wird, wenn man mit Geschwistern teilen muss, erst recht nicht, wenn man es schafft, ihnen freiwillig etwas abzugeben. Nein, dass man nicht ärmer, sondern in Wirklichkeit reicher wird, weil der andere sich dann freut, sein Bruder oder seine Schwester ihn lieber mag und die Geschwister dadurch dazu angeregt werden, dem Geber auch wieder etwas Gutes zu tun.

Auf diese Weise wächst die Liebe, und sie ist eben im Grunde viel mehr wert, als immer nur an sich selbst zu denken. Man übt sich in Liebe – und das ist zuerst ja ziemlich mühsam; aber auf die Dauer bringt es viel mehr ein. Man kommt einfach besser mit den anderen zurecht, und im Grunde bekommt man dann auch sehr viel mehr Freude an solchem Tun als bei dem ewigen Gezanke und Ellenbogeneinsatz.

Wenn man das an seinen Geschwistern öfter mal einübt, fällt es einem auch bei Klassenkameraden leichter. Schon wird man beliebt und bekommt Anerkennung. Die Leute sagen: »Die Christine, der Christian, die sind so freundlich.« Ja, und das liegt eben daran, dass sie so klug waren, die Gelegenheit freund-gleich zu sein (das heißt das Wort freundlich in Wirklichkeit) an ihren Geschwistern zu Hause vorgeübt zu haben.

Liebe Christine, lieber Christian, warum schreibe ich euch das alles zu euerm zehnten Geburtstag? Weil viele Kinder heute das eben nicht richtig in ihren Kopf bekommen und sich selbst dadurch schweren Schaden zufügen, weil sie eine Hauptrechenaufgabe unseres Lebens gar nicht erst bewusst zu lösen anfangen. Die heißt nämlich, dass wir die Hilfe in Anspruch nehmen und ausbilden, die wir ganz nötig brauchen, wenn wir nicht wie ein wildes Tier durch unser Leben rasen wollen. Mit Einüben im Lieben geht es viel, viel besser als mit Einüben im Hass. Dabei können Geschwister sich gegenseitig ganz besonders gut voranhelfen, wenn sie erst einmal aus den Windeln heraus sind!

So, nun habe ich euch, glaube ich, die vier Hauptbalken in eurem Lebensturm deutlich gemacht; aber da sind noch eine ganze Menge mehr schon fest in eurem Lebensboden eingerammt. So zum Beispiel sind da noch eure Großeltern. Sie sind – solange ihr klein seid – so eine Art Zusatzbalken; Stützbalken, solange die Betonschicht der ersten Decke noch nicht fest genug ist. Viele Großeltern haben ihre Enkel großgezogen, wenn die Eltern dafür ausfielen. Auch für eure Eltern ist es gut zu wissen, dass sie selbst beide Geschwister und noch rüstige Eltern haben, die fest hinter ihnen stehen und von denen sie annehmen dürfen, dass sie einspringen würden, wenn das nötig wäre. Kürzlich habe ich das erst in einer befreundeten Familie erlebt: Sonntags beim Mittagessen erzählte eine Mutter ihren Kindern, dass Vater und sie sich etwas besonders Schönes ausgedacht hätten. Sie hätten die Onkel und Tanten mit den Cousinen und Vettern und auch die noch rüstigen Großeltern zu einer gemeinsamen Wanderung in den nahen Bergen eingeladen. Ach, das gab ein Gestöhne bei den drei Kindern dieser Familie! Der zwölfjährige Lars: »Wie doof, immerzu am Wochenende irgendwas mit der Familie; ich verpasse die Sportsendung im Fernsehen.« Die zehnjährige Tanja: »Na, da soll ich wohl wieder Kindermädchen spielen«; und der achtjährige Andreas meinte kategorisch: »Ich bleib hier und spiel mit meinem Playmobil.«

Nicht wahr, diese drei Kinder wussten einfach noch nicht, wie wertvoll es ist, eine große Familie zu sein. Sie dachten nur an das, was für sie im Augenblick bequemer ist. Aber es ist für jeden von uns so wichtig, Menschen zu haben, die durch dick und dünn zusammenhalten. Was wäre denn, wenn eure Eltern plötzlich sehr krank würden? Was wäre mit euch, wenn eure Großeltern sich nicht um den Zusammenhalt der Familie bemühten? Onkel, Tanten und Großeltern, um die man immer einen großen Bogen gemacht hat, denen man vielleicht sogar Missachtung gezeigt hat – würden die euch wohl dann helfen?

Wir wollen damit sagen: Wer eine Familie hat, sollte auch so klug sein, sie zu pflegen.

Onkel, Tanten, Paten und Großeltern sind aber natürlich noch mehr als nur eine Art Zusatzversicherung – das erlebt ihr ja, wenn ihr mich oder gar eure Urgroßmutter besucht. Sie haben schon ein langes Leben hinter sich, manche haben sogar schon zwei Weltkriege überlebt; sie haben so viele Erfahrungen gesammelt. Davon möchten sie euch erzählen, damit ihr nicht die dummen Fehler, die sie machten, noch einmal macht, damit ihr lernt, worauf es ankommt. Es ist für mich eine große Freude, wenn ihr mich besucht: Dass ihr so gut zuhören mögt, mit offenen Mündern und roten Ohren. Ich erzähle euch schließlich auch nicht einfach etwas, um euch nur ein wenig zu amüsieren. Und bei Großeltern z. B. ist das noch intensiver. Sie lieben ihre Enkel in einer ganz eigenartigen Weise: Ihr, Christine und Christian seid für eure Großeltern die ersten Enkel gewesen, und als erst einmal klar war, dass ihr über eure Startschwierigkeiten hinweg wart, haben sie und ich uns gefreut, gefreut; gefreut darüber, dass es euch gibt! Das hat etwas damit zu tun, dass Kinderaufziehen schließlich sehr viel Mühe kostet und auch einen großen Teil des Lebens in Anspruch nimmt. Dies hat zwar schon in sich einen Wert (eben weil lieben reich macht), aber so ganz rund wird die Sache erst, wenn man merkt, dass es weiter geht: dass die Kinder wieder Kinder haben, und dass sie erwachsene Menschen werden; am besten: dass sie mehr erwachsen werden als man selbst.

Das werdet ihr vielleicht jetzt etwas komisch finden, und ich kann es euch auch erst allmählich in meinen Briefen zu späteren Geburtstagen im einzelnen klar machen, aber eins versteht ihr wohl schon jetzt: Man ist nicht einfach dadurch erwachsen, dass man einen Körper hat, der mit achtzehn Jahren nicht mehr weiter wächst. Man ist um so erwachsener, je mehr man in der Art reicher wird, wie ich es euch in diesem Brief schon beschrieben habe. Das ist aber sehr schwer, weil es in der großen Welt meistens immer noch so hart zugeht wie in der Natur. Man kann auch nicht einfach so von selbst lieben, und man lernt es nicht in der Schule. Wir Älteren haben das schon eher im Kopf. Wir wissen, dass euer kleiner Lebensturm der Teil eines größeren Lebensturms ist: der unserer Familie, und dass dieser wiederum ein Teil ist von einem riesengroßen, unvorstellbar hohen Dom. Das ist natürlich nur ein Bild für etwas, was sich sonst in eurem Alter noch nicht so leicht verstehen lässt: Dass wir mit unserem Leben Teil eines riesigen Gesamtwerkes sind, des Schöpfungswerkes Gottes, und dass *er* will, dass es mit diesem Turm hinauf geht, immer höher hinauf – zu *ihm*. Wenn das etwas werden soll, müssen die Jungen die Alten als Stützbalken gebrauchen und müssen einander als Pfeiler, Säulen und Grundlage dienen. Sonst wird nichts daraus, könnt ihr das schon ein wenig verstehen?

Deshalb freuen wir uns, wenn ihr uns zuhört: Ihr könnt lernen, was vermieden werden muss, damit die kostbare Lebenskraft nicht unnütz vergeudet wird. Dieses Lernen aus den Erfahrungen der Erwachsenen, die euch das direkt erzählen, fängt ja für euch auch nicht erst bei den Eltern an. Vor ihnen gab es die Großeltern und Urgroßeltern. Sie

31

leben nicht mehr. Sie können euch nichts mehr erzählen; aber doch kann man lernen, wie sie gelebt, was sie gedacht, was für Erfahrungen sie gesammelt haben, wie sie in ihrem Umfeld mit ihrem Leben fertig geworden sind. Dass man zum Beispiel zu essen hat, dass man ein Bett, eine Wohnung hat, fliegt schließlich nicht einfach so vom Himmel herunter. Alle eure Vorfahren haben sich diese Grundlage für das Mithöherbauen am Dom hart erarbeiten müssen. Ihr könnt das noch ziemlich weit zurückverfolgen. Die meisten eurer Vorfahren waren aus Schleswig-Holstein, und die meisten von ihnen haben auf dem Land gearbeitet wie jetzt nur noch wenige eurer Onkel und Tanten. Sie haben Korn gesät, Kartoffeln und Rüben gepflanzt, Schafe und Rinder gezüchtet, damit sie etwas zu essen hatten. Das war sehr, sehr schwer, weil es keine Maschinen gab, weil ihnen allenfalls die Pferde oder die Ochsen beim Ziehen der Wagen und Pflüge halfen, alles andere taten sie mit ihren Händen.

Und dabei war das Wetter gewiss nicht einfach immer angenehm – manchmal war es viel zu kalt, manchmal viel zu nass, manchmal gab es schwere Stürme, so dass das Meer und die Flüsse das Land verheerten. Sie hatten unheimlich schwer zu kämpfen, diese unsere Vorfahren in Schleswig-Holstein. Sie mussten schon zusammenhalten, weil sie merkten: Allein war da überhaupt kein Durchkommen. Deiche mussten sie bauen und in Sturmnächten zusammenhalten. Dann kamen dazu auch noch immer wieder Kriege: Mal wurden sie von den Dänen erobert, mal gehörten sie zu Österreich, mal waren sie preußisch. Doch sie schrieben stolze Sprüche auf ihre Fahnen: »Lever dood as Slav'« (lieber tot als Sklave) oder »Up ewig ungedeelt« (auf ewig ungeteilt).

Wie das alles im Einzelnen vor sich ging, davon will ich

hier nicht ausführlich schreiben, das werdet ihr im nächsten Jahr im Geschichtsunterricht der Schule lernen.

Zu wissen, wie der Urgrund aussieht, auf dem ihr euren Lebensturm bauen werdet, ist jedenfalls sehr wichtig, damit man auch dies nicht einfach für pure Selbstverständlichkeit nimmt und meint, das ginge einen alles nichts mehr an, weil es vergilbte Geschichten seien. Nein, so ist es nicht! Dass ihr heute in Norddeutschland leben könnt, in einem freien Land, das beackert und bebaut ist, das von Deichen gegen die Sturmfluten umzogen ist, das verdankt ihr den vielen Menschen, die in den Jahrhunderten vor euch gelebt und dafür gearbeitet, gekämpft und gelitten haben, dass man in ihrer Heimat ohne Not leben kann. Diese Vorfahren haben nämlich ihr Land, ihre Heimat geliebt, gerade weil es so schwer war, sie zu erhalten, und sie haben den Mut nicht verloren trotz der vielen harten Zeiten, weil sie an ihre Enkel, ihre Ur-Ur-Enkel dachten. Für die haben sie sich eingesetzt! Seht ihr, so sieht das mit der Vergangenheit des Landes aus, auf dessen Boden euer Elternhaus steht.

Ihr und eure Geschwister braucht nun zwar nicht mit nach draußen auf das Feld, um dort bei der Arbeit zu helfen, brauchtet es selbst dann nicht, wenn euer Vater – wie sein Ur-Ur-Großvater – Bauer wäre. Heute gibt es die vielen Maschinen, die den Menschen das Leben erleichtern. Aber dadurch entsteht auch eine Gefahr: Dass man um das Leben nicht mehr unmittelbar kämpfen muss und deshalb gar nicht mehr merkt, wie schön es ist, dass man eine Heimat hat.

Deshalb schreibe ich euch dieses alles zu eurem zehnten Geburtstag: Damit ihr euch daran freut, dass es so ist, und damit ihr merkt: Erwachsen werden, wird auch heißen, mit dafür und daran zu arbeiten, dass es so bleiben kann; denn dazu sind auch heute noch Menschen nötig, die genug

Kraft in ihren Händen, in ihrem Kopf und in ihrem Herzen haben.

Dazu ist es auch nötig, dass man fleißig lernt. Irgendwo findet man dann später auch einen Platz, von dem aus man mithelfen kann, dass es nicht nur euch, sondern auch euren Kindern und Kindeskindern in der Heimat, in der ihr wurzelt, gut geht – vielleicht sogar so gut, dass ihr mehr und besser den vielen Menschen mithelfen könnt, die heute nicht einmal satt werden.

Oh, mein Brief ist schon so lang geworden – dabei müsste ich euch eigentlich noch viel, viel mehr erzählen. Aber das würde euch jetzt vielleicht doch langweilen. Geht nur erst einmal mit ganz wachen Augen durch das neue Lebensjahr. Schaut euch eure Umwelt so genau an wie möglich. Entdeckt die großen Leistungen der Menschen, die in eurer Stadt und in eurem Land gearbeitet haben und noch arbeiten: Die gepflegten Wälder, Felder und Parks, die schönen Straßen, die riesigen Brücken, die alten Kirchen und Schlösser, die Schiffe in euerm Hafen, und die alten Klöster in euren Parks.

Für euch wurde und wird hier geschafft – und von euch muss es erhalten und weiter daran gebaut und verbessert werden. Man liebt seine Heimat mehr, genauso wie seine Eltern und seine Geschwister, wenn man weiß, dass das alles etwas mit einem selbst zu tun hat. Schaut es euch alles genau an, damit ihr merkt, dass mehr dahinter ist als eine Umwelt, die man benutzt, wie es einem gerade gefällt.

Liebe Grüße
Eure Patin

Vom Wert der Leistung

Liebe Christine, lieber Christian!

euer Geburtstag naht, und ich freue mich mit euch, dass ihr gesund seid und im Kreis eurer Freunde und Freundinnen feiern werdet. Ganz lieben, herzlichen Glückwunsch!

Wie schön, dass ihr diesmal am Wochenende feiern könnt, so dass genug Zeit ist, all die herrlichen Geschenke in Gebrauch zu nehmen und beim Spielen und Schmausen den Schulalltag ganz gründlich beiseite zu legen.

Als ihr mich Ostern besuchtet, habe ich gespürt, wie nötig das Ausruhen von Zeit zu Zeit für euch ist, weil ihr in der Schule ein ziemlich hartes Pensum zu bewältigen habt und nun, zum Jahresschluss der fünften Klasse, sich die Klassenarbeiten häufen und dafür manche Mehrarbeit an Vorbereitungen anfällt. Ich habe gespürt, wie lästig ganz besonders dir, Christian, das oft ist, wieviel mehr Freude du am Draußensein hast, am Leben in der Natur und all dem schönen Sport, den du betreibst. Einmal hast du mir die Frage sogar direkt gestellt: »Warum muss ich diesen vielen Kram lernen? Mathe und englische Grammatik und deutsche Satzlehre – so genau brauche ich das doch alles gar nicht zu wissen?«

Ich konnte dir die Frage damals nicht beantworten, weil wir durch eure euch heimholenden Eltern nicht mehr zu Ende kamen mit unserem Gespräch; aber ich habe mir deine Frage wohl gemerkt und mir vorgenommen, sie zum Thema meines diesjährigen Geburtstagsbriefes an euch beide zu machen.

Schau Christian, eine gute Seite dieser Sache hast du beim Umgang mit dem Geräteturnen schon erfahren, in dem du bereits große Klasse bist: Da machte sich die Könnerschaft auch nicht von selbst. Der Anfang ist nicht nur deshalb schwer, weil man noch so gar nichts kann (und sieht, dass andere da schon wie die Affen herumhangeln), sondern weil das Training in den ersten Wochen einen auch noch gar nicht so recht weiterbringt. Deshalb ist jedesmal ein besonderer Schubs dazu nötig, wieder hinzugehen. Es ist wirklich einfacher, auf dem Bauch vor dem Fernseher liegen zu bleiben, es ist wirklich netter, hinter seinem Aquarium zu sitzen! Es ist so unbequem, immer wieder in den Sportverein zu rennen mit all den Misslichkeiten: Umziehen, Busfahren, Umziehen, dann das ergebnislose Gestrampel, und wieder, Umziehen, Busfahren. Es kostet viel Mühe ohne genug Spaß; jedenfalls: einfach so Spielen würde viel mehr Spaß machen. Und trotzdem hast du mittlerweile die Erfahrung gemacht: Das war nur eine ziemlich lange Zeit am Anfang so, jetzt macht es bereits Spaß, viel Spaß sogar – denn das Training hat dazu geführt, dass du nun schon eine Menge kannst, und je mehr du kannst, desto mehr möchtest du können.

Und bei Christine ist es mit ihrer Flöte ähnlich gegangen, nicht wahr?

Beim Lernen mit dem Kopf ist das natürlich kein bisschen anders. »Aller Anfang ist schwer«, sagt deshalb mit Recht ein Sprichwort; denn in jedem von uns gibt es auch so etwas, was ich gerne unsere Nilpferdnatur nenne, ein Stück innerer Trägheit, einen Hang zur Bequemlichkeit, zum Nichtstun, zum Liegenbleiben, so wie das dicke Urtier, das so feist ist, weil es den ganzen Tag auf einem Fleck im Fluss liegt und nichts tut, außer das Wasser durch die Nüstern ein- und auszublasen.

Diese Nilpferdnatur in uns kann ganz schön viel Macht über uns gewinnen und dann dazu beitragen, uns auf die Dauer unglücklich zu machen. Irgendwann habt ihr das bestimmt schon einmal ausprobiert: Die Bauchschmerzen oder die Kopfschmerzen einfach ein wenig hochzuspielen und zu erreichen, dass man im Bett bleiben darf – dass man im Grunde da aber nur liegt, weil man eben keine Lust hat. Wenn man das länger als einen Tag betreibt, wird einem das ziemlich schnell über. Irgendetwas stimmt nicht, das fühlt man. Man kriegt enorm schlechte Laune, obgleich es einem körperlich gut geht. Es ist wichtig, dass man sich das bewusst macht; denn in dieser schlechten Laune steckt die Ankurbelung eines Gegenmotors, der sich ähnlich automatisch in Gang setzt wie eine Ölheizung, wenn es kalt geworden ist.

Dieser Motor signalisiert gewissermaßen: »Mensch, lass das Gammeln, das bringt dich um, mach das nicht weiter, steh auf, geh wieder zur Schule, so kommst du nicht weiter!« Es ist im Grunde von unserer Natur sehr weise eingerichtet, dass wir diese Systeme zur Gegensteuerung in uns haben, denn wenn es nicht so wäre, hätten sich sicher schon unsere Vorfahren längst hingelegt und nur ihre Nilpferdnatur gepflegt. Es wäre gewiss nichts anderes dabei herausgekommen, als dass sie bereits im nächsten Winter, bei der nächsten Sturmflut, beim nächsten Zugeschneitwerden nicht überlebt hätten. Dann wären weder wir noch ihr geboren worden; dann wäre bestimmt erst recht nicht alles das geschaffen worden, von dem ich euch im vorigen Geburtstagsbrief schon schrieb.

Ohne sich zu mühen, ohne Training, ohne Arbeit gäbe es doch nichts als allenfalls ein Leben in Dreck und Elend. Das müssen wir uns heute immer wieder klar machen. Die Erde ist für niemanden ein Schlaraffenland, in dem einen die gebratenen Tauben einfach so in den Mund fliegen.

Nun werdet ihr mir natürlich antworten: Na schön, das sehen wir ein, dass die Leute etwas dafür tun müssen, dass sie zu essen haben und auch dafür, dass sie beschützt sind, indem sie Häuser bauen oder Deiche oder sonstwas. Aber warum müssen wir deshalb diesen ganzen Quatsch lernen, der doch gar nichts damit zu tun hat?

»Wirklich nicht?«, möchte ich zurückfragen. Eigentlich hängt es doch alles miteinander zusammen. Aber bevor ich euch das im einzelnen erkläre, möchte ich nicht vergessen, darauf hinzuweisen, dass es schon eine große Leistung ist, auf jede nur mögliche Weise die Nilpferdnatur zu bekämpfen. In deinem Sport, Christian, und beim Flöten, Christine, seid ihr schon durch die Durststrecken hindurch und habt die Erfahrung gemacht: Das Durchhalten hat sich gelohnt! Beim Lernen für die Schule und beim Klavierüben seid ihr noch mittendrin, und es macht einfach noch nicht genug Spaß, weil ihr dabei noch zu sehr in den Kinderschuhen steckt. Aber in jeder Stunde, in der ihr auch ohne Lust wieder einen Anfang gemacht habt, steckt – von euch noch nicht erkennbar – ein ganz großer Gewinn: Ihr trainiert euch *grundsätzlich* darin, Unlust zu überwinden. Und das ist eine ganz fabelhafte Sache für später.

Es ist wie mit dem Sprung vom Dreimeterbrett: Ihr schafft es später, bei welcher Sache auch immer, viel besser, euer inneres Unbehagen zu bezwingen, und wenn man das auf so vielfältige Weise wie möglich gelernt hat, so hat man damit eine Fähigkeit erworben, die es möglich macht (um bei dem Bild aus dem Brief vorher zu bleiben), den eigenen Lebensturm weit hinaufzubauen, d. h. mit seinem Leben das Bestmögliche zu erreichen. Das fällt niemandem in den Schoß und hat diese Fähigkeit, sich überwinden zu können – die auf ständigem Training in den jungen Jahren beruht – zur Voraussetzung.

Dazu ist es auch gar nicht nötig, dass das, worin man sich übt, später direkt zu einem besonderen Können auf dem einen oder anderen Gebiet führt: Vielleicht lasst ihr, nachdem ihr es bis zum Spielen von Mozartsonaten gebracht habt – eines Tages das Klavierspielen dennoch wieder sein, weil eine andere sehr wichtige Tätigkeit alle Kräfte beansprucht. Trotzdem ist es nicht sinnlos gewesen, eben, weil es euch im Grundsätzlichen zum Überwinden der Anfangsunlust verholfen hat. Versteht ihr das? Deshalb ist selbst dann Lernen in der Schule für euch noch wertvoll, wenn sich ein Zusammenhang mit dem, was ihr für euer Leben braucht, vom Inhalt her nicht finden lässt, z. B. beim Lernen alter, sogenannter toter Sprachen wie Latein und Griechisch.

Aber meist ist auch vom Inhalt her ein Sinn bei dem jeweiligen Lernstoff zu entdecken, wenn man nur nachdenklich genug forscht. Du, Christian, fragst: »Wieso dies blöde Rechnen?« Nun, das Rechnen ist ganz gewiss nicht erfunden worden, um damit kleine Kinder zu quälen. Die uralten Völker haben als erstes entdeckt: Mit Messlatten und Zählbechern konnten sie haltbarere, festere Häuser, sturmfestere Schiffe, größere Vorratshäuser bauen. Sie schafften mehr als die Nachbarländer, die das Problem zu überleben, einfach nur so mit ihrer Muskelkraft zu bewältigen suchten. Sie wurden durch ihre Klugheit reicher und dadurch auch einflussreicher. Ihre Länder wuchsen, ihre Menschen wurden zufriedener.

Durch die Tatsache, dass seit vielen tausend Jahren fleißige und kluge Menschen Erfindungen machten, die bewirkten, dass sie nicht so elend und vom Wetter und Wind abhängig blieben, ist es schließlich überhaupt erst möglich geworden, dass wir jetzt in einem Land leben mit einer so hohen Technik, dass nicht jeder sein Korn selbst dreschen und seine Kartoffeln selbst aus der Erde graben muss. Aber deshalb ist es sehr wichtig, dass alle Kinder erst einmal die Grundlagen unserer sogenannten Zivilisation und Kultur in der Schule lernen. Es wäre gewiss sinnlos, wenn jeder von euch das Rad und das Feueranzünden neu erfinden müsste! Es kann nur mit uns weiter und höher hinaufgehen, wenn jede neue Generation an dem Punkt startet, an dem die alte angekommen ist.

Bei Mathematik und Biologie mag euch das – so hoffe ich jedenfalls – jetzt schon einleuchten. Aber bei Sprachlehre und englischer Grammatik nicht sogleich. Doch ein wenig Nachdenken ergibt, daß es auch dabei nicht viel anders ist. Seht, bei euren kleinen Geschwistern habt ihr das erlebt, wie das anfangs so mit den Menschen geht: Verständigen konntet ihr euch mit ihnen ziemlich gut, ohne jede Grammatik, schon eine ziemlich lange Zeit. Sie redeten einfach ein ziemliches Kauderwelsch in einigen Urlauten, die ihr rasch von ihnen lerntet. Und ihr wusstet, was sie wollten: »Ti – Mama – Had« hieß z. B. bei Susanne, dass sie von Christian auf dem Rad der Mutter spazierengefahren werden wollte.

Um sich miteinander zu verständigen, braucht man also eigentlich gar nicht in die Schule zu gehen. Dazu ist – z. B. bei den Fremdsprachen – nichts weiter nötig, als mit Menschen, die eine fremde Sprache sprechen, viel zusammen zu sein. Das heißt, Fremdsprachen lernt man durch lange

Auslandsreisen sehr viel eleganter als in der Schule. Der Hauptgrund dafür, dass wir Sprachen (besonders unsere Muttersprache Deutsch) so mühevoll und tiefgründig (samt ihrer Grammatik!) lernen sollten – und jede gute Schule lehrt sie deshalb –, besteht darin, dass wir uns nicht nur hörend, sondern eben auch schreibend verständigen – und zwar nicht nur, damit eure Patin euch Briefe schreiben und ihr sie lesen könnt, nicht nur also, damit wir Informationen aus unserem Tagesgeschehen besonders gründlich austauschen können (das ginge unter Umständen auch per Telefon), sondern abermals: damit wir unser Geschriebenes aufbewahren und als Erfahrung an spätere Generationen weitergeben können. Damit hat alle sogenannte Kultur begonnen: Mit dem Aufschreiben und Klügermachen der Nachkommen.

Deshalb muss jedes Kind eines Kulturvolkes in der Schule vor allem zuerst lesen und schreiben lernen. Heute ist unsere Umwelt mittlerweile vollständig darauf eingestellt, dass jeder lesen kann, und man verständigt sich deshalb auch im öffentlichen Leben auf diese Weise. Aber das ginge unter Umständen auch anders. Die eigentliche Hauptsache ist die Übermittlung aller Bemühungen der Menschen, ihres Wissens, ihres Erfahrens und Erlebens, an die junge Generation in der Hoffnung, dass sie damit fortfahren wird. Das geht aber nur, wenn man die Sprache beherrscht. Eine Sprache beherrschen, das ist sehr ähnlich, wie z. B. ein großes, altes Schloss vom Keller bis zum Boden, bis in die letzten Nischen und Winkel hinein sehr gut zu kennen, um alle Räume gut nutzen, um sich darin einrichten und tummeln zu können.

Denn einer Sprache liegt – genauso wie einem sehr alten, wertvollen Gebäude – ein Bauplan und ein gewachsener Aufbau zugrunde. Immer ist im Lauf der Zeiten etwas auch nutzlos und überflüssig, anderes ist notwendig geworden, und man hat es hinzugefügt. Aber wenn man die Tiefen, die Keller, die Alkoven und Turmstübchen nicht erkundet, bleibt man allenfalls in dem Schloss ein Gast, wird in ihm nicht heimisch, nutzt nicht gut aus, was einem zur Verfügung steht.

Deshalb also lohnt es sich auch, z. B. Satzbau und Grammatik zu lernen: Man beginnt, den Bauplan der Sprache zu verstehen, man kann sie viel besser gebrauchen und nutzen. Man gewinnt dann eigentlich erst – wie beim Eingewöhnen in ein Märchenschloss – Sinn auch für die Schönheit dieses alten, so und nicht anders allmählich entstandenen Gebäudes. Unsere Sprache ist nicht nur dazu da, neue Entdeckungen, neues Wissen zu vermitteln, sie dient auch dazu, etwas über uns selbst mitzuteilen: über unsere Gefühle, unsere Freude und unsere Trauer, oder was uns sonst aufschreibenswert erschien: Berichte über Ereignisse, die ungewöhnlich und bemerkenswert sind, Beschreibungen von Sachen, die uns besonders gut gefallen, oder etwas, was uns einfach so aus unserer Fantasie in den Sinn kommt.

Es gibt ganz besondere Meister der Sprache. Man nennt sie Dichter. Sie haben wunderbare Gedanken und Einfälle. Die Dichter sind deshalb so wichtig, weil sie Gedanken und Gefühle, die für viele Menschen bedeutend sind, die viele Menschen auch haben, aber nicht beschreiben können, mit Hilfe der Sprache zum Ausdruck und zum Bewusstsein bringen.

Die Dichtungen, die durch all die vielen verschiedenen Zeiten hindurch für die Menschen wichtig blieben, die werden immer neu gelesen, immer neu gedruckt. Sie stehen in unseren und in eurer Eltern Bücherschränken.

Deshalb ist es gut und richtig, Sprache gründlich zu lernen, weil euch nur dadurch die Möglichkeit in die Hand gegeben wird, die Dichtkunst genießen und von ihr lernen zu können, so dass ihr vielleicht selbst die Sprache einst verwenden könnt, wie z. B. ein Klavierkünstler sein Instrument.

Nicht wahr, ihr Lieben, wenn man das erst einmal begriffen hat, dann ist die Plackerei vielleicht gar nicht mehr so abscheulich. Im Grunde ist es wie beim Wandern in den Bergen: Erst muss man durch manche steinige Klamm, ehe man den Blick von der Höhe hinab ins Tal genießen kann.

Dabei ist das natürlich bei allen unseren Schulfächern sehr ähnlich: Ob nun beim Werken oder Zeichnen, beim Musizieren oder Handarbeiten, ob in Erdkunde, Gemeinschaftskunde, Religion oder Sport: Immer ist das alles so etwas wie aufgestellte Leitern an dem so großen Gesamtdom der Schöpfung, an dem auch ihr eines Tages hoffentlich weiterbauen werdet.

Bis jetzt ist bei euch noch offen, auf welche »Leiter«, auf welchen Platz ihr euch später festlegen werdet. Das ist bei vielen Menschen so. Sehr wenige Menschen haben eine so ausgeprägte einseitige, überragende Begabung, dass das die Eltern und Lehrer schon in den ersten Schuljahren merken. Deshalb ist es gut, dass es in unserem Land für alle Kinder eine vielseitige Schulbildung gibt.

Baut nur fleissig mit an all den Leitern, zu denen man euch die Sprossen anbietet. Eine oder zwei mindestens werden darunter sein, die für euch die endgültigen sind.

Vielleicht denkt ihr jetzt: Schön und gut. Aber im Augenblick ist das Spielen für uns doch noch so schön, es macht uns so viel mehr Spaß. Das Leben ist doch noch lang genug. Ich kann ja später damit anfangen. Viele Kinder denken so und machen manchen Müttern das Leben schwer. Kürzlich begegnete ich einem dreißigjährigen Michael, dessen Eltern seiner Lernunlust keinen Widerstand entgegengesetzt hatten. Sie gaben ihm nach, wenn er sich zum Arbeiten nicht bewegen ließ, als er zehn, elf und zwölf Jahre alt war. Jetzt sagte dieser Michael: »Oh, wie war ich damals doch dumm! Heute fehlt mir das Wissen an allen Ecken und Enden. Im Grunde wäre ich für einen Kopfberuf geeignet gewesen, das merke ich an meinen Interessen. Jetzt arbeite ich in der Fabrik – und die Arbeit ist mir viel zu eintönig. Wenn mir meine Eltern doch mehr geholfen hätten, beim Lernen durchzuhalten. Nun habe ich versucht, das Wissen in Abendkursen nachzuholen. Aber es ging nicht – es ist zu spät.«

Das müsst ihr also wissen: Zwar ist alles Mitarbeiten an den Startleitern (sprich Schulfleiß) keine ganz einfache Sache; aber sie lässt sich auch nicht fortgesetzt hinausschieben. Das gehört z. B. auch zu den Erfahrungen, die Lehrer seit einigen Jahrhunderten mit den Menschen machen: Man kann nicht einfach in jeder Lebenszeit anfangen, etwas zu lernen, worin man sich in jungen Jahren nicht geübt hat. So könnte ich jetzt nicht einmal mehr radfahren lernen, wenn ich es nicht in jungen Jahren eingeübt hätte. Und beim Musizieren, Malen, Sprachenlernen ist das genauso: *Jetzt* seid ihr genau in dem Alter, in dem das menschliche Gehirn am meisten an mechanischem Lernmaterial aufnimmt und behält. Was ihr jetzt darin speichert, auswendig lernt und einübt, könnt ihr erfahrungsgemäß später am wenigsten wieder verlernen, und euch stehen jetzt um so mehr Möglichkeiten offen, je mehr ihr jetzt die Stunden nutzt.

Diese Klugheit wünsche ich euch deshalb für das kommende Lebensjahr von ganzem Herzen.

Eure Patin

Wenn dich die bösen Buben locken

Liebe Christine, lieber Christian!

Herzliche Glückwünsche!

Wollt ihr wirklich in der kommenden Woche ganze zwölf Jahre alt werden? Ist wirklich wie im Flug schon wieder ein Jahr vergangen seit meinem letzten Geburtstagsbrief? Ich habe es zur Kenntnis zu nehmen, so unglaublich es erscheint. Und es ist ja auch sichtbar: Jetzt fang ihr an, aus jeder Hose nach ein paar Monaten wieder herausgewachsen zu sein, und ihr könnt futtern, dass es eine Lust ist, euch dabei zuzuschauen.

Es hat mich auch sehr gefreut, dass ihr mich bei euren letzten Besuchen Ostern und Pfingsten erzählt habt, dass ihr meine Geburtstagsbriefe aufbewahrt habt, dass ihr sie immer einmal wieder lest und euch besonders der letzte geholfen hat, gelegentlich über einen toten Punkt hinweg zu kommen. Wie schön! Das gibt mir Mut, so weiter zu machen und euch damit etwas zu schenken, was dauerhafter ist als irgendein leicht zerbrechlicher Firlefanz aus der Spielwarenabteilung im Supermarkt.

In wenigen Tagen habt ihr das sechste Schuljahr hinter euch und kommt nach der Orientierungsstufe sogar in ein ganz neues Schulgebäude, bekommt andere Lehrer und neue Klassenkameraden. So ganz einfach ist das nicht; aber es wird durch eine Gegebenheit erleichtert: Ihr seid mit euren Klassenkameraden in der gleichen Lage, alle müsst ihr einander neu kennen- und einschätzen lernen. Ha, dieses Wort, das mir da unversehens in die Feder gerutscht ist, bringt mir einen Umstand in den Kopf, der mich beim Beobachten von Jungengruppen in Christians Alter immer wieder zum Staunen gebracht hat: Gerade bei den Gruppen, die neu zusammengestellt worden sind, ist in den folgenden Wochen ein typisches Verhalten an der Tagesordnung: In den Pausen vor und nach den Stunden, beim Sport, auf dem Nachhauseweg, immer haben sie irgendein Gehakel miteinander vor. Nicht, dass man sich fortgesetzt prügelt (manchmal ist das freilich auch der Fall); aber dass man sich jedenfalls auf die vielfältigste Weise fortgesetzt aneinander misst.

Wer ist der Schnellste, wer ist der Stärkste, wer kann weiter springen, wer kann besser schnalzen, pfeifen, Kerne spucken? Oft läuft das auch übers Prahlen, und da steht ihr Mädchen, Christine, den Jungs in nichts nach: Der eine ist schon in Italien gewesen, der andere übertrumpft damit, dass er schon in Amerika war; einer hat bei siebzehn Grad gebadet – ein anderer schon bei dreizehn Grad. Einer hat einen Zweitausender bestiegen, der nächste einen Viertausender, eine ist in irgendeiner Superzeit gelaufen, geschwommen, geradelt. Aber es hilft ihm oder ihr nicht. Jemand anders überbietet den Prahler. Was soll das?

Wenn man genau hinschaut, kann man feststellen: Nach einigen Wochen verhält sich die Gruppe oft sehr ähnlich wie bei sportlichen Ausscheidungskämpfen. Es sind nur noch die Stars die Aktiven, während der Großteil gewissermaßen die Zuschauer in den Rängen spielt. Nach einiger Zeit tritt eine gewisse Beruhigung ein, weil praktisch geklärt ist: Jakob ist der Beste – es hat keinen Zweck, dem seinen

Rang streitig machen zu wollen. Meistens ist das ein Junge, und meistens ist er nur für eine gewisse Zeit der Boss. Er genießt am meisten Ansehen – bei den Jungs ebenso wie bei den Mädchen, und das Verhalten, der Ton, oft auch die Kleidung werden ohne weitere Absprachen oder Diskussionen vom Aussehen und Verhalten des Einen bestimmt.

Habt ihr so etwas auch schon einmal beobachtet? Könnt ihr euch einen Vers daraus machen? Im Grunde handelt es sich bei diesem Verhalten anscheinend um ein uraltes Naturgesetz, das z. B. schon bei jungen Wölfen und bei jungen Affen von den Naturforschern beobachtet wurde: Es ist für Tiere, die in Rudeln leben, besser, wenn der Klügste und Stärkste das Sagen hat. Dann ist die Chance zum Überleben einfach größer. Ihr jungen Menschen braucht ja aber nicht mehr lebenslänglich im Rudel zu leben, und ihr werdet als Gruppe auch nicht dadurch besser, dass sich alles nach einem Muskelprotz ausrichtet.

Ich würde euch das gar nicht so umständlich schreiben, wenn ich nicht immer wieder die Erfahrung gemacht hätte, dass diese Kraftmeierei, dieses Gerangel um eine sogenannte »Dominanzhierarchie« – wie die Psychologen das nennen – ziemlich gefährlich sein kann. Mutprobe ist Trumpf nach dem Motto: Wer klettert am höchsten auf den morschen Baum? Wer kommt hinüber über den Zaun mit den Eisenspitzen? Wer wagt es, das steile Treppengeländer hinunterzurutschen, wer schwimmt bis zum Felsen, wer rast am schnellsten mit dem Fahrrad zum Kiosk? Wetten, dass ich das bin und nicht du? Dieses Sich-Messen hat oft gerade schwächere Kinder dazu geführt, sich auf Herausforderungen mit Stärkeren einzulassen, denen sie nicht gewachsen waren.

Mit Recht schauen Mütter solchen Umtrieben, besonders ihrer Söhne, mit Angst oder mit fest zugekniffenen
Augen zu.

Nun werdet ihr mich freilich fragen: »Aber wie soll ich
mich denn verhalten, wenn das ganze Gerangel so unsinnig
ist? Schließlich bleibt uns doch gar nichts anderes übrig, als
mit den Wölfen zu heulen; denn wenn ich *nicht* mitmache,
dann bin ich bald draußen vor; dann verliere ich mein
Ansehen. Es hat immer einige davon gegeben in meiner
Schulzeit bisher. Sie waren immer Out und keiner hatte
Lust, sich um sie zu kümmern oder sich mit ihnen zu
befreunden. Dann hatte man einfach kein Ansehen in der
Klasse mehr, und das lässt sich schon gar nicht aushalten.«

Damit habt ihr natürlich sehr Recht. Es ist einfach zu
schwer, nur aus Vernunft sich selbst in die Ecke zu stellen
und Mauerblümchen zu spielen. Aber ich habe die Erfahrung gemacht: Es gibt auch noch andere Formen, um in
einer Gruppe eine angesehene Position zu erringen. Man
kann nämlich erstens durch mehr Kenntnis der Zusammenhänge mit einem Stück innerer Überlegenheit »Nein«
zu unsinnigen, waghalsigen Ausscheidungskämpfen sagen.
Dieses »Nein« hat eine ganz andere Wirkung auf die
Gruppe als das »Nein« aus Angst und Feigheit, wenn sie
spürt, dass man sich nur duckt; und man kann zweitens
an Stelle dieser »tierischen« Zweckmäßigkeiten wirklich-
keitsgerechtere Dinge anbieten, die der Gruppe ebenfalls
nützlich sind. Man kann z. B. Klassenkameraden, die irgendwelche Stunden versäumt haben, seine Hilfe anbieten;
man kann sein Heft zum Nachschreiben ausleihen; man
kann eine Aufgabe erklären, eine Lücke ausfüllen; man
kann sich zum Sprecher machen für einen, der beim Leh-

rer mit einer Sache aneckt und es nicht schafft, sich zu verteidigen, wie es ihm zustände. Man kann einem, der sein Pausenbrot vergessen hat, eins abgeben; man kann jemandem, der Nasenbluten hat, ein Papiertaschentuch geben und einem, der Husten hat, einen Bonbon. Die »*Freund*«lichkeit, von der ich schon sprach und von der ich meine, dass es sich lohnt, sie rechtzeitig an seinen Geschwistern einzuüben, kann man in seiner Klassengemeinschaft praktizieren. Und ihr werdet sehen, dass sich das auszahlt!

Sicher wird es am Anfang immer noch das eine oder andere neidische Großmaul geben, das euch mit euerm Anderssein zu verhöhnen und vor den anderen lächerlich zu machen sucht. Davon dürft ihr euch aber nicht einschüchtern lassen. Solche Schmähungen haben allenfalls kurzfristig Erfolg. Ihr seid mit eurem hilfreichen Verhalten für viele eurer Kameraden viel zu nützlich, und da sie außer ihrer »Tiernatur«, die nach dem stärksten Tier sucht, um es zum Anführer zu machen, schließlich auch noch ihre Menschennatur in sich haben, die nicht darauf aus ist, allmählich den Vorrang zu gewinnen, sitzt ihr mit eurem menschlichen Verhalten doch am längeren Hebelarm und macht schließlich damit Schule. Zuerst wirst du, Christian, damit Ansehen bei den Mädchen gewinnen, und da die in den folgenden Jahren auch bei den stärksten Haudegen der Klasse zu immer mehr Ansehen kommen, kannst du dich darauf verlassen, dass du auf diese Weise vielleicht deinerseits so viel Ansehen gewinnst, dass einige dich nachzuahmen beginnen, so dass allmählich der gesamte Stil eurer Klasse eine mitmenschliche Tönung bekommt. Ich bin sicher, dass dieses Rezept ziemlich erfolgreich ist – und ihr solltet es beide unbedingt damit versuchen.

Freilich gibt es nirgendwo Erfolg in unserem Leben ohne Geduld, Mühe und zähen, beharrlichen Neueinsatz. Voraussetzung ist, dass man zuerst wirklich von sich absieht, dass man die anderen mit der geheimen Fragestellung beobachtet: »Wo kann ich wem helfen«? Man muss wirklich versuchen, seinen eigenen Anspruch ein wenig zurückzustellen. Wer das nicht schafft, ist in einer Gruppe von Zwölfjährigen oft bald noch unbeliebter als der, der die brutalen Kämpfe nicht mitmacht.

Schwierig wird es auch häufig, wenn einer mit einer ganz besonders originellen Tollkühnheit aufwartet, z. B. wenn einer nicht nur handelsübliche Zigaretten herumreicht, sondern z. B. eine Haschzigarette. Alle nehmen einen Zug, der Reihe nach. Soll man da – gewissermaßen öffentlich – passen? Man *soll* – wenn das auch zugegebenermaßen sehr schwer ist.

Aber warum soll man eigentlich »Nein« sagen? Schließlich ist man doch berechtigt, Neues auszuprobieren, schließlich wird man ja wohl von einer Haschzigarette nicht gleich süchtig. Schließlich kann man doch nicht sein ganzes Leben lang so gehorsam vor sich hin knicksen. Schaut, Christine und Christian, das ist die Art von Begründungen, wie sie euch in vielen TV-Sendungen und in sogenannten Jugendzeitschriften angeboten werden. Dennoch möchte ich euch sagen: Ihr erweist mehr Erwachsensein, mehr Mut und mehr Klugheit, wenn ihr »Nein« sagt zur Haschzigarette ebenso wie zum harten Drink, zum Raubzug durch die Selbstbedienungsläden und zum Automaten- und Autoknacken. Man kann es nämlich keineswegs vorher wissen, ob die eine Zigarette nicht doch der Anfang zu einer Sucht ist und ob man nicht durch einen Gaunerstreich zum Gauner wird. Irgendwo ganz in der Tiefe unserer

Seele neigt jeder von uns – der eine mehr, der andere weniger – in irgendeiner Form zum Wegnehmen, Rauben, Süffeln, Schnüffeln, zum Sichberauschen.

Die Kinder, die sich so unbekümmert und siegesgewiss darauf einlassen, wissen nichts von dieser Gefährdung. Sie sind im Grunde ebenso leichtfertig wie überheblich. Sie glauben, dass ihre Selbstbeherrschung reicht, sie glauben an ihre Unbesiegbarkeit, ähnlich wie der Riese Goliat. Sie sind dumm, weil sie noch nicht erfahren haben, wie groß die Gefahr ist; sie benehmen sich so ähnlich wie ein Kleinkind, das unbekümmert selbstsicher in einen Sumpf springt, weil es sich darauf verlässt, dass es so tüchtige Beinmuskeln hat, mit denen es prächtig strampeln kann. Aber im Sumpf hilft ihm all das Strampeln nicht, der Sumpf ist von anderer Art als der feste Boden, auf dem es seine Beinmuskeln eingeübt hat.

Dass so viele Kinder heute solchen Verlockungen folgen, liegt an der törichten Vorstellung, dass der eigene Wille eisern und besser sei als der von anderen Menschen und dass diese Vorstellung ausreiche, sich mitten in die Gefahr hinein zu begeben. Oft haben bei so gefährlichem Ausprobieren vorher sogar Erwachsene dazu aufgefordert. Sie redeten den Kindern ein, man wäre erst dann erwachsen, wenn man z. B. schon einmal betrunken gewesen wäre. Oder sie erklären, dass man erst dann ganz richtig frei sei und von allen Zwängen erlöst, wenn man in Sachen mitmache, die von den bösen »Bullen« (den Polizisten) und einem bösen Staat verboten worden seien.

Ihr müsst ganz klar wissen, dass Menschen, die solche Sachen reden, Verführer sind. Oft sitzen sie selbst dick drin in irgendeinem Sumpf, und irgendwie meinen sie dumpf, dass es ihnen weniger schlecht ginge, wenn möglichst viele andere mit im Schlamassel wären. Andere wollen euch direkt aufhetzen und für irgendwelche politischen Zwecke missbrauchen.

Schon in früheren Zeiten haben die Menschen gemerkt, dass sie sicherer und beschützter leben, wenn sie einzelnen Menschen Ordnungsaufgaben übertragen. Deshalb nannte man früher die Polizisten viel besser und viel richtiger Schutzmänner. In unserem freien Land – darauf könnt ihr euch verlassen – werden nur so viele Ordnungsregeln gegeben als unbedingt nötig sind. Wir sind keine Helden, wenn wir Polizisten mit Steinen bewerfen und etwas tun, was ihren Aufgaben als Beschützern zuwider läuft.

Die Verführung zum Schädlichen ist deshalb ganz besonders gemein, weil dadurch in den Heranwachsenden etwas eingeübt wird, was zwar in jedem von uns versteckt lebt, was man aber lieber nicht ans Tageslicht kommen lassen soll: das Schwache und das Böse; z. B. das Böse, einem anderen etwas weg zu nehmen; dadurch fügt man ihm Schaden zu und bereichert sich auf seine Kosten. Es ist böse, etwas zu zerstören, was einem anderen gehört; ja, meine eigenen Sachen sollen von mir sorgsam behandelt werden. Schlamperei damit wie auch mit der eigenen Gesundheit ist keine Heldentat, sondern schlecht, weil verantwortungslos. Und erst recht ist es böse, nicht nur die Sachen eines anderen zu beschädigen, sondern gar ihn selbst. Wir dürfen nicht quälen, schlagen, töten – allenfalls dürfen wir uns verteidigen, wenn uns jemand ans Leder will.

Das muss ganz klar sein. Daran sollte man sich ohne Ausnahme halten und sich nicht einen Finger breit davon abbringen lassen. Alle die bösen Buben und die scheinheiligen Verführer raunen euch zu: »Einmal ist keinmal, sei kein Frosch! Sei stark, sei erwachsen!« Aber echte Stärke, echtes Erwachsensein erweist ihr, wenn ihr euch dann tapfer umdreht und davongeht. Die große Zahl der verkommenen jungen Menschen, die in die Sucht, in den Rechtsbruch oder in die Spielsucht gegangen sind, beweist, dass wir viel schwächer sind als wir meinen.

Liebe Christine, lieber Christian, glaubt mir dies: Es ist eine schlimme Überheblichkeit und Fehleinschätzung, wenn man euch beizubringen versucht, man müsse erst einmal alles ausprobieren. Ihr probiert auch nicht die Anziehungskraft der Erde aus, indem ihr euch vom zwanzigsten Stock eines Hochhauses stürzt. Es gibt viele Dinge, an denen die Vorfahren immer und immer wieder die Erfahrung gemacht haben, dass sie zu lebensgefährlich waren, um ausprobiert zu werden. Nur deshalb haben sie Gesetze gemacht, und nur deswegen gibt es Verbote in unserem Land: Sie sollen uns vor Schwierigkeiten bewahren! Sie sollen uns warnen, ehe es zu spät ist!

Es hat wirklich keinen Sinn, auf den Brunnen einen Deckel zu legen, nachdem das Kind darin ertrunken ist. *Vorher* muss das geschehen!

Deshalb wisst ihr seit eurem sechsten Lebensjahr, dass man seine Kameraden nicht mit Steinen bewirft, wisst, dass man nicht einfach hingehen und in Nachbars Garten Äpfel stehlen darf, wisst von euren Eltern, dass Alkohol, Nikotin und Rauschgift – und zwar ganz besonders Ecstesi – und viele Medikamente Gift sind.

Kürzlich kam ich im Zug mit einem sehr elend aussehenden Mann ins Gespräch, der mir erzählte, dass er von einer ärztlichen Untersuchung in einer berühmten Klinik nach Hause führe. Er habe die Ärzte gedrängt, ihm die Wahrheit zu sagen, und schließlich hätten sie das auch getan: Nun wisse er, dass er Lungenkrebs habe, und dass er höchstens noch einige Monate leben werde.

»Dabei bin ich doch noch so jung«, sagte er, »achtunddreißig Jahre – was könnte ich noch alles vom Leben haben!« Und dann fuhr es aus ihm heraus: »Es ist aber auch ein Verbrechen, dass das Rauchen nicht verboten wird. Die Eltern sollten lieber ihre Kinder verhauen als es zulassen, dass sie sich das Rauchen angewöhnen. Ich habe mit zwölf Jahren damit angefangen – und schon als Jugendlicher rauchte ich zwei bis drei Schachteln pro Tag. Das müsste doch verboten sein! Wer hat mir damals gesagt, dass man dann so früh sterben muss? Und später, als ich etwas davon hörte, war es schon zu spät. Ich konnte es einfach nicht schaffen, wieder aufzuhören, ich war zu sehr an das Gift gewöhnt!«

Was für eine erschütternde Geschichte! Und dabei ist sie nur ein Beispiel unter tausenden. Nikotin, Alkohol, Ecstasy, ja auch Hasch – das alles sind schwere Gifte, die viele Menschen im besten Alter elend abhängig und krank machen und ihr Leben ohne Rettung verkürzen.

All diese Menschen, deren bittere Reue für sie zu spät kommt, haben am Anfang gedacht: Na, warum denn nicht? Was soll das Gläschen Alkohol etc. schon schaden?

Millionen Menschen haben die schrecklich zerstörerischen Gefahren der Genussgifte unterschätzt und ihre eigenen Willenskräfte überschätzt. Ihr solltet es damit nicht aufzunehmen versuchen! Hier rechtzeitig nein zu sagen, den Anfängen zu wehren, das ist Tapferkeit, die sich auszahlt!

Nun, eure Eltern würden euch nicht verprügeln, wenn sie entdecken würden, dass ihr euch auf das Rauchen und Trinken eingelassen hättet. Aber sie verbieten es euch – und wir haben euch eben klar machen wollen, inwiefern das gut und notwendig ist. Auch ich warne euch deshalb mit soviel

Nachdruck, weil die Stimmen, die euch glauben machen wollen, Eltern seien von vorgestern und hätten euch gar nichts mehr zu verbieten, so gefährlich zahlreich sind. In vielen Sendungen und Jugendzeitschriften, unter euren Kumpeln sitzen solche »bösen Buben«.

Wir aber, die wir euch lieb haben, raten euch, euch lieber einmal anzuhören, wie unglücklich ein Mensch wird, der in eine Sucht oder in die Kriminalität geraten ist. Es geht nicht nur sein Körper kaputt, nicht nur seine Lebenskraft, sondern auch sein Glaube an seinen eigenen Wert; denn er bleibt in der Sucht gefangen wie die Fliege im Netz der Spinne. Mit Freiheit und Erwachsenwerden, von der die Verführer meistens schwafeln, hat das Hineingeraten in einen solchen Sog am allerwenigsten zu tun.

Von ganzem Herzen wünsche ich euch zu eurem Geburtstag, liebe Christine und lieber Christian, dass ihr in eurer Klasse mitwirkt, dass das Böse sich nicht einschleicht und ihr schon im Umgang mit euren Kameraden so sichtbar das Gute tut, dass es vielleicht ansteckender wirkt als das Böse, das rings um euch lauert und am Anfang oft viel einfacher zu sein scheint als das Gute. Ich hoffe von Herzen, dass ihr mir dies glaubt. Keiner von uns Menschen ist ein Superman. Wir müssen sehr sorgsam mit uns selbst umgehen, um nicht unversehens in einer Falle des Bösen fest zu stecken. Ich wünsche euch viel fröhlichen Mut in eurer neuen Klasse, viel hilfreiche Aufmerksamkeit für die Klassenkameraden und viel tapfere, entschiedene Abwehr, wenn die *bösen Buben* euch vom richtigen Weg weglocken wollen.

Ganz liebe Grüße
Eure Patin

Wozu glauben?

Liebe Christine, lieber Christian!

Zu euerm dreizehnten Geburtstag komme ich wieder mit einem ganzen Sack voller Wünsche zu euch. Ich bin aber auch dankbar und froh darüber, dass ihr euren Weg so gerade geht und dass ihr so aufgeschlossen seid für meine Art, euch in Gedanken zu begleiten, und dass ihr es nicht als unnötig oder lästig abtut. Schön ist es auch, dass ich euch durch all die Jahre hindurch regelmäßig entweder Ostern oder Pfingsten bei mir haben darf und wir dadurch in einer wachsenden Verbindung miteinander bleiben.

Nicht wahr, das war schön an den hellen Vorsommerabenden: Lesen aus der biblischen Schöpfungsgeschichte und unser Nachdenken über all das, was die Wissenschaftler über die Entstehung unserer Erde und ihrer Bewohner herausgefunden haben. Hatte euch doch irgendein Biologielehrer beibringen wollen, dass das, was in der Bibel steht, nur Mutmaßungen noch unwissender Menschen seien, und dass die wissenschaftliche Erforschung all des Lebens hier die alte biblische Vorstellung widerlege.

Ich habe euch immer wieder klar machen können, dass die Aussagen der Bibel nicht falsch sind, sondern nur anders in einer viel tieferen und letztgültigen Weise Auskunft geben darüber, wo wir herkommen, wer wir sind, wo wir hingehen und was unser Menschenleben überhaupt für einen Sinn hat. Man muss nämlich zuerst lernen, was die Bibel aussagt, dann kann man später ohne Überheblichkeit Wissenschaft betreiben. Dann kommt man nicht mehr auf die Idee, aus einer kleinen Erkenntnis, die man gewonnen hat, eine falsche Vorstellung über das Ganze abzuleiten. Das geht nämlich gar nicht. Auf die letzten Fragen nach unserem Leben gibt es keine naturwissenschaftliche Antwort.

Euer Biologielehrer hat euch da etwas weismachen wollen, was nicht wahr ist und dem kein ernsthafter Naturforscher zustimmen würde. Die Wissenschaft hat viele hochinteressante Einzelheiten über die Entwicklung hier auf der Erde herausgefunden, aber es grenzt schon an böse Verführung, wenn erwachsene Menschen den Kindern, die in ihren Elternhäusern gelernt haben, täglich Gott für ihr behütetes Leben zu danken, weismachen wollen, alles habe sich ganz von selbst aus dem Nichts entwickelt, alles sei nur »Zufall«, und Gott sei ein Hirngespinst der Menschen. Diese Aussage, das müsst ihr euch fest einprägen, besitzt keinerlei wissenschaftliche Berechtigung. Nur mit Wissenschaft ist noch kein Mensch zu den Antworten über den Ursprung, das Ziel und den Sinn des Lebens gekommen. Wissen darüber können wir allein in dem so geheimnisvollen, nur schwer zu verstehenden Offenbarungsbuch Bibel übermittelt bekommen.

Ich schreibe euch das zu eurem Geburtstag diesmal so ausdrücklich, weil ihr vom kommenden Jahr ab in den Konfirmandenunterricht geht und ihr jetzt vielleicht schon heimlich darüber seufzt, was das nun wieder für anstrengende, langweilige neue Pflichten sind, die auf euch zukommen: auswendiglernen, zuhören, was der Pfarrer über die uralten Geschichten, »vor sich hinlabert« (mit diesen

Worten haben mir andere Konfirmanden ihren Verdruss beschrieben), Gottesdienstbesuche mit Predigten, von denen man vielleicht kein Wort versteht.

Dass viele Kinder das so auffassen, liegt aber im Grunde daran, dass ihnen keiner deutlich genug gesagt hat, warum gerade dies, was es da jetzt zu lernen gibt, das Aller-, allerwichtigste ist, wozu man in diesen »Lehrjahren« angeregt wird. Das Schlimme ist, dass viele Eltern mit ihren Kindern nicht darüber sprechen, weil sie selbst es für unwichtig und lediglich für eine alte Sitte halten. Im Grunde sei es aber nicht wahr, was der Herr Pfarrer erzähle, und man könne sich dafür nichts kaufen. (Aber selbst das stimmt nicht, ich werde euch das in diesem Brief später noch auseinandersetzen.)

Schlimm ist aber vor allem, dass durch dieses häusliche Verhöhnen viele Kinder sozusagen mit zugeklebten Ohren in den Vorbereitungsunterricht gehen. Es kommt so zu einer Stimmung, die zwischen ablehnender Besserwisserei und Gelangweiltheit pendelt und bewirkt, dass es den Pfarrern oder Vikaren oft gar nicht mehr gelingt, eine Atmosphäre herzustellen, in der Bereitschaft zum Zuhören vorhanden ist. Ach, das ist furchtbar traurig. Mancher Pastor oder Religionslehrer resigniert einfach angesichts dieser Stimmung seiner Schüler und verliert die Lust. Ich hoffe von Herzen, dass es bei euch nicht so ist und dass ihr, vielleicht gemeinsam mit einigen guten Freunden, die auch aus christlichen Elternhäusern kommen, etwas gegen diese Kurzsichtigkeit ansteuert. Schon wenn der Lehrer im Religionsunterreicht oder der Pfarrer im Konfirmandenunterricht merkt: »Da sind einige, die nehmen die Stunden so ernst, wie sie sind, die arbeiten mit, die hören zu«, könnt ihr die Sache zum Besseren wenden.

Nun bin ich es euch natürlich schuldig, euch so genau wie möglich zu erklären, warum ich mit euren Eltern euer Lernen auf diesem Gebiet für das Allerwichtigste halte. Schaut, in den letzten hundert Jahren sind in Deutschland immer mehr Menschen so erzogen worden, wie es den scheinbar radikal verändernden Erkenntnissen der Naturwissenschaftler entsprach – nach dem Motto: Religion ist veraltet. Die ist für mich überflüssig. Es gibt keinen Gott. Dass der Mensch die Zehn Gebote einhalten soll, so folgert man daraus, das habe sich die Kirche nur ausgedacht. Sie habe den Menschen mit der Vorstellung Angst machen wollen, dass es ihnen nach ihrem Tode womöglich übel ergehe, wenn sie die Gebote überträten, oder dass sie dann hier schon durch Unglück von Gott bestraft werden würden. Wir modernen Menschen, so meinen sie, können den alten Kram abschütteln, wir seien endlich klug und gelehrt genug, es besser zu wissen. Wir Modernen machen unser Leben, unseren Fortschritt, machen alles, alles selbst. Wir machen es so, wie es uns passt, wie es uns am zweckmäßigsten ist. Toll, nicht? Irgendwie ist das doch ein klasse Gefühl: Weg mit all dem Wenn und Aber, Sich-Vorsehen, dem Sich-Zusammenreißen-Sollen, dem Schlucken und dem Überwinden. Weg damit! Erlaubt ist, was gefällt, was dir in deinen Kram passt, was euch Spaß macht!

Im Grunde sind wir alle – jedenfalls eure Vorfahren dieses Jahrhunderts aus dem Norden Deutschlands – schon in diesem Geist erzogen worden. Emanzipation hieß das Schlagwort, und gemeint war damit eigentlich nicht nur allerlei Befreiung im alltäglichen Leben, sondern die Befreiung von einem Gott, den die Menschen überhaupt nur erfunden zu haben schienen, um andere Menschen zu unterdrücken, den es in Wirklichkeit aber nie gegeben habe.

Nun haben wir Deutschen freilich in diesen hundert Jahren mehr und mehr die Folgen dieser Einstellung zu spüren bekommen. Es ging mit uns immer mehr bergab. Erst haben wir nach vier Jahren Krieg 1918 den ersten Weltkrieg verloren (oh, so viele junge Männer wurden erschossen, so viele Familien wurden in tiefe Trauer gestürzt, viele starben vor Hunger, ganz viele – auch eins eurer Ur-Urgroßelternpaare – verloren ihre Heimat, weil die Sieger den Besiegten das Land wegnahmen).

Aber so richtig merkte kaum einer, dass das etwas mit ihrer aufgeblähten Selbstherrlichkeit zu tun hatte. (Man redete natürlich auch immer noch von Gott und ging sonntags mal in die Kirche, aber im Grunde war man eben modern, emanzipiert.) Seitdem konnte im Grunde jeder machen, was er selbst für richtig hielt. Manchmal gab es da noch so vielerlei Bezeichnungen: »Vorsehung«, »Gottheit«, »Allnatur«; aber immer weniger Menschen lasen die Bibel, und immer weniger hörten zu, was der Mensch gewordene Gott Jesus Christus ihnen darin sagte. Sie ließen den lieben Gott mehr so einen »guten Mann« sein, der für sie nicht mehr verbindlich war. (Für viele, meine ich natürlich, gewiss nicht für alle.)

So von 1920 bis 1030 wurde das immer schlimmer. Jeder, so redeten sich die Menschen ein, hätte das Recht, sein Leben zu genießen und erstmal an sich selbst zu denken. Leider ging das schrecklich schief, und zwar sehr schnell: Nichts klappte mehr, die Wirtschaft funktionierte immer schlechter, viele Menschen wurden arbeitslos, und als alle so recht elend waren und viele schon nicht mehr genug Geld hatten, um sich das Notwendigste zu kaufen, da besannen sie sich noch immer nicht. Stattdessen stand da plötzlich einer, der wusste, wo's lang ging: Man brauchte nur an ihn zu glauben; dann würde alles schon rasch besser gehen. Weil die Menschen Gott vergessen hatten und tief in der Not steckten, auch im Grunde ihrer Seele spürten, dass es ohne einen Führer nicht ginge, ernannten sie diesen Menschen aus dem Nachbarland Österreich, Adolf Hitler, zu ihrem Gott. Weil er alles so patent anfasste, begannen sie blindlings so an ihn zu glauben, wie es nur Gott und Jesus Christus gebührt. Sie schrien und jubelten. Als er schließlich zum Reichskanzler gewählt worden war, riefen sie »Heil Hitler«. Er packte auch so schön zu, baute Autobahnen und Häuser, gab den Hungernden Arbeit und Brot. Die Menschen gaben – wie berauscht – in einer fürchterlichen Verwechslung diesem Hitler in einem solchen Ausmaß die Ehre, dass er, der bisher in seinem Leben viel Misserfolg gehabt hatte, geradezu wie betrunken wurde von dieser Anhimmelei. Er bekam einfach einen Koller, er wurde größenwahnsinnig, geradezu verrückt, und er beschloss, mit diesem ihm blind folgenden Volk die ganze Welt zu erobern. Ihr wisst, wie das endete: in Blut und Tränen. Millionen und Abermillionen mussten sterben; Deutschland wurde verwüstet und in zwei Teile geteilt. Nach dem Selbstmord des wahnsinnigen Götzen konnten die Überlebenden nur staunen, dass sie dieser Hölle entronnen waren. Sie haben uns erzählt von den fürchterlichen Nächten, in denen ihre Häuser zerstört wurden, von den schlimmen Kriegseinsätzen, aus denen sie nur knapp mit dem Leben davonkamen.)

Nun hätten ja die, die überlebten, merken können, womit das alles zusammen hing. Einige taten das wohl auch; aber vielen ging es dann bald wieder so gut, dass sie das Nachdenken vergaßen, ja, man könnte sagen: Bald trieben es die Menschen unbekümmerter als je zuvor. Jeder sah zu, dass er etwas ergatterte, dass er auf seine Kosten kam. Die Wissenschaftler erfanden immer neue Sachen. Es sich selbst möglichst leicht, bequem und fein zu machen, wurde zur Hauptsache.

Adolf Hitler war als Götze abgeschafft – aber nun wurde ein neuer auf den Thron gesetzt: der Götze Eigennutz. Das ging eine ganze Weile gut. Aber dann wurden neue Schrecken sichtbar: Von der dreckig gewordenen Luft begannen die Wälder zu sterben, von dem zu dreckig gewordenen Wasser die Fische, und die Menschen, die sich alles erlaubten, wurden krank an ihrem Körper und an ihrer Seele, sie gerieten auf die schiefe Bahn, sie bekamen so viele Probleme miteinander, dass das Leben dadurch schließlich vielen Menschen immer unbehaglicher wurde. Die sogenannten »Siegermächte« aber bauten immer mehr Atombomben, mit denen es nun möglich ist, auf einen Schlag alles, die ganze Erde zu vernichten.

Soweit haben die klugen Leute es nun gebracht, die meinten, sie brauchten sich um das, was in der Bibel steht, nicht zu kümmern. Sie wüssten selbst, wie sie die Welt verbessern könnten. Aber aus dieser eigenen Kraft haben die Menschen nichts anderes geschafft, als sich an den Abgrund zu schieben und viel unglücklicher zu werden. Viele Menschen merken es immer noch nicht – sie begreifen diese Zusammenhänge nicht und meinen, das würde sich schon irgendwie – vielleicht mit ein paar Protestaktionen – wieder zurechtziehen. Aber das tut es ganz gewiss nicht einfach so!

Deshalb ist es so wichtig, dass ihr sehr genau zuhört, wenn euch die Pfarrer und Lehrer verdeutlichen, was die alten Geschichten der Bibel für uns wirklich bedeuten. Ihr habt immerhin schon selbst eifrig eure Kinderbibeln studiert, die ich euch schenkte; aber jetzt seid ihr so weit, dass ihr versteht, dass die Erzählungen dort uns ganz direkt angehen; dass sie für uns noch genau so gelten wie für das auserwählte Volk der Juden zu Moses und Jojakims Zeiten. Da lässt es sich nämlich nachlesen, was passiert, wenn die Menschen vergessen, zuerst an Gott zu denken; wenn sie vergessen, für ihn zu leben, ihn zu loben, ihm zu danken und ihn um das Gelingen ihres Lebens zu bitten, wenn sie vergessen, immer wieder zu versuchen, die Menschenbrüder zu lieben und sie stattdessen hassen, bekämpfen oder sich an ihnen rächen; was passiert, wenn alle beginnen, das »Goldene Kalb« anzubeten statt Gott: Dann kommen schreckliche Zeiten, Katastrophen, Kriege, Hungersnöte und Krankheiten.

Viele Geschichten stehen darüber in der Bibel, ganz lange, ausführliche Geschichten. Immer ist dort auch die Ursache deutlich ausgesprochen. Immer wieder glauben die dummen, stolzen, eingebildeten Menschen, es ohne Gott besser machen zu können. Immer fangen sie neu damit an, das, was Gott ihnen geboten hat, über Bord zu werfen. Schon geht das Elend los, immer neu, immer ein wenig anders. Dabei ist es offenbar nicht einfach so, dass die Menschen dann von dem so strengen Herrscher der Welt sozusagen Prügel beziehen, sondern dass sie selbst miteinander nicht mehr zurechtkommen, dass sie sich selbst gegenseitig kaputt machen.

Das Ganze wäre aber trostlos und hoffnungslos, wenn in der Bibel nichts weiter stünde als Berichte über diese elende, überhebliche Unverbesserlichkeit der Menschen, die letztlich daher rührt, dass sie sich mit dem Freiraum, den Gott ihnen zugebilligt hat, nicht einrichten, sondern ihn immer wieder überschreiten. Es ist doch ähnlich wie in eurem Garten: Er ist klein, aber doch groß genug, um darin gut zu spielen. Und Gottes Gebote sind wie die Grenzpfähle eures Gartens. Aber die Menschen hauen diese immer wieder um und landen dann in Sümpfen und Gräben, oder sie geraten in all das Hauen und Stechen mit Nachbarn, denen das Land gehört, sie verfangen sich in Fallen oder werden von wilden Tieren gefressen. (Damit meine ich all die Süchte, von denen der Mensch vereinnahmt und verschlungen werden kann. Wir haben darüber schon gesprochen.)

Das ist also der schlimme Irrtum der Menschen: Die Zäune sind schließlich zu ihrem Schutz aufgestellt – beileibe nicht, um sie gefangen zu halten, wie es jene, die sich von Gott emanzipieren wollen, immer neu durch die verschiedenen Zeiten hindurch argwöhnen. Die Zäune – sprich die Gebote Gottes – haben sich auch in den alten Zeiten immer wieder bewährt, und deshalb ist es einfach klug, sie möglichst genau und mit allen Erklärungen auswendig zu lernen und sich Mühe zu geben, sie zu halten zum eigenen Nutzen!

So ganz einfach ist das natürlich nicht. Auch ihr habt diese Zäune immer schon einmal wieder überklettert, oft nur aus Neugier, manchmal auch, weil Wut, Trotz, Neid und Eifersucht mit euch durchgingen.

Ihr wisst schon aus meinen vorhergehenden Geburtstagsbriefen, dass uns das Lieben als Menschen nicht einfach so zufällt. Wir sind eben doch irgendwie alle immer wieder ziemlich frech; irgendwie juckt uns das Fell, den Großen nicht weniger als den Kleinen. Gottvater könnte an diesen unseren Dummheiten eigentlich nur verzweifeln. Wir Menschen sind für ihn schwer erziehbare Kinder. Durch Jahrhunderte hat er es schließlich immer wieder versucht zu erreichen, dass die Menschen in dieser Hinsicht an ihren Erfahrungen lernen und merken, was er mit den Menschen vorhat, und wie gut er es eigentlich mit ihnen meint. Aber weil das alles hoffnungslos scheiterte, hat er sich etwas Unfassliches ausgedacht: Er hat sich gewissermaßen selbst in der Gestalt seines Sohnes Jesus Christus in einem Menschen verkörpert. Er hat das, was er mit seiner Schöpfung vorhat, einmal in menschlicher Sprache direkt aussprechen wollen.

Das war ein geradezu verzweiflungsvolles Wagnis; aber Gott hatte wohl erkannt, dass all die Beweise seines Wirkens nicht ausreichten, um die Menschen einsichtig zu machen; dass sie es handgreiflicher erfahren müssten, dass er ihnen ein direktes Vorbild setzen müsse. Er wollte ihnen ein Beispiel für die Tiefe seiner Liebe geben, damit sie ein für allemal aus ihren Teufelskreisen herauskommen könnten. Deshalb nahm er Gestalt an als Jesus Christus und lebte dreißig Jahre lang auf dieser Erde. Dabei wusste er bereits vorher genau, was geschehen würde: Sie würden ihn, Gott – statt nun endlich einsichtig zu werden – umbringen. Aber er hatte sich vorgenommen, auch dieses zu erdulden, um gerade auf diese Weise alle diejenigen von Schuld und Tod zu erlösen, die in ihm Gott erkennten.

Gott setzte damit seine Liebe für die Menschen bis zum Alleräußersten ein. Seitdem können die, die an ihn glauben, die ihn als den Schöpfer des Himmels und der Erde annehmen, wissen, dass ihr Gott ein Vater ist, der jeden von uns geschaffen hat, und der uns so viel mehr liebt, als wir uns das auch nur ausmalen können. Seitdem können wir wissen, dass unser Leben den Hauptsinn hat, uns im Lieben einzuüben, weil die Schöpfung eben dieses Ziel hat: der Liebe zum Sieg zu verhelfen. Das ist das Reich, das auf

Erden kommen soll. Deshalb beten wir jeden Abend im Vaterunser darum.

Seitdem können wir auch wissen, dass es eine Sicherheit und eine Geborgenheit gibt, die uns erhalten bleibt, selbst wenn wir alles verlieren, was uns hier auf der Erde lieb ist, weil denen, die zu Gott und Jesus Christus beten und an ihn glauben, nicht nur hier beigestanden wird, sondern die Menschen, wenn ihr Leben hier zu Ende ist, mit einem neuen himmlischen Sein beschenkt werden.

Nicht wahr, jetzt werdet ihr verstehen, warum ich, eure Patin, so darauf bedacht ist, dass ihr das rechtzeitig begreift und euch nicht von all denjenigen Menschen, die das Gegenteil behaupten, einfangen lasst. Mit Gott und Jesus Christus ist es so ähnlich wie mit einem Königreich. Es wird uns angeboten durch den Glauben, durch die Taufe, durch die Konfirmation. Unser Vater, Gott, sagt: Schau, du darfst in diesem Land wohnen, ganz frei, ganz sicher, ja, du darfst darin herrschen, du darfst das weiträumige Schloss mit all seinen Gemächern bewohnen. Ich habe für dich Leibwächter (das sind die Engel), die dich beschützen. Ich habe für dich zu essen und zu trinken für alle Ewigkeit (das ist die Nähe von Jesus Christus), ich habe für dich geflügelte Pferde (das ist der Heilige Geist).

Wenn man das weiß, kann man sich von den Leuten nicht vereinnahmen lassen, die sagen: Was, Schloss, König, Glück, Freude? Ist doch alles von vorgestern – und sie begeben sich bildlich gesprochen ohne Ausrüstung in die Wüsten, in die Felsen, in den Dschungel, die Salzmeere, die Eisnacht, wo eine Menge Ungeheuer auf sie warten und sie in großer Zahl ohne Wiederkehr verschlingen.

Könnt ihr euch vorstellen, Christian und Christine, was ich mit diesen Bildern sagen will? Ich hoffe es sehr; denn wir alle, eure Eltern und ich, haben euch schließlich, seit ihr aus dem Gröbsten heraus wart, Märchen erzählt und die biblischen Geschichten vorgelesen; und ihr habt immer schon atemlos zugehört. Jetzt seid ihr soweit herangewachsen, dass ihr verstehen könnt, dass in all diesen Geschichten in der Weise, wie wir es eben versucht haben, tiefste Wahrheit in Bildern, in Symbolen ausgedrückt ist. Auch in den Märchen handelt es sich nicht um dumme Fantastereien, um Unterhaltung für kleine Kinder, sondern dort wie in der Bibel leuchten durch solche Vergleiche – »Gleichnisse« nennt sie Christus in seinen Reden – Weisheiten auf, die mit platten Worten nicht verständlich gemacht werden können. Diese »Vergleiche«, die Bilderwelt der Bibel und der großen alten Geschichten sagen in dieser Weise die Wahrheit, denn vieles in unserer irdischen Welt ist ein lebendiges Gleichnis, ein Abbild, eine Entsprechung des Hintergrundes des Sinns der Schöpfung. So ist die Aussage des größten deutschen Dichters Goethe am Ende seines Lebens als höchste Erkenntnis und Vermächtnis für uns gemeint: »Alles Vergängliche ist nur ein Gleichnis.«

Deshalb können wir aus dem was uns hier im Leben vor die Augen kommt, so viel Erkenntnis gewinnen; wir müssen es nur mit den richtigen Augen anschauen, mit Augen, die mit Staunen und Ehrfurcht vor dem großen, geheimnisvollen Schöpfungswerk Gottes angefüllt sind. Dann erschließen sich uns viele Geheimnisse in einer viel größeren Tiefe.

Dann werden wir wie der Dümmling der Märchen mit den Schlüsseln zu den Schätzen der Tiefe beschenkt. Wenn wir den Glauben an Jesus Christus bei uns zulassen, geben wir dem Gott der Liebe Einlass in uns, und er öffnet uns dann die Türen, die allein in der Lage sind, reich zu machen.

Lieber Christian, liebe Christine, natürlich könnt ihr das alles jetzt noch nicht mit einem selbstverständlichen »Aha« begreifen. Echte Erkenntnis lässt sich nur im wahrsten Sinne des Wortes »erfahren«. Aber ich möchte euch raten und erbitte es täglich für euch: dass ihr es mit dieser Art zu denken versucht. Natürlich braucht man dabei auch ganz viel Geduld, natürlich gibt es auch immer wieder Rückschläge und Stunden des Zweifels, ja der Verzweiflung; denn wenn auch letztlich alles in Ewigkeit gut ist, wenn man es mit Jesus wagt, so gibt es doch auch harte Proben und Versuchungen. Deshalb nehmt alles Wissen samt den auswendig zu lernenden Gesangbuchversen, den Gebeten, den Liturgietexten, den Texten der Zehn Gebote und denen des Glaubensbekenntnisses heilig ernst. Wie viele Menschen, die aus irgendeinem Höllenloch der Weltkriege wieder herausgekrochen sind, haben bestätigt, dass in der fürchterlichsten Not dieses Wissen, dieses Sich-selbst-Zusprechen der auswendig gelernten Texte die entscheidende Hilfe zum Überleben war.

Dies ist für euch also wichtiger als alles, was eure Angehörigen euch sonst zu geben vermögen. Es ist auch das Allerwichtigste in unserer heute so bedrohten Situation, angesichts der Vernichtbarkeit der Erde durch Menschenhand. »Allein den Betern kann es noch gelingen« (die Vernichtung aufzuhalten) – Reinhold Schneider, der große, fromme Dichter hat uns diese Wahrheit kurz vor seinem Tod zugerufen. Jeder kann also sofort und jeden Tag das Wichtigste tun, um zu verhindern, dass die Atomraketen losgehen. Denn sie gehen nicht los, ohne dass Gott es zulässt, und er wird es nur dann nicht zulassen, wenn die Gläubigen ihren Glauben, ihre Liebe leben, dafür einstehen und darum bitten.

Nehmt also alles das, was es zu lernen gibt, auch für euer eigenes kleines Leben und eure eigene kleine Zukunft ganz ernst. Denn das allein wird euch Segen bringen und vor großen Übeln bewahren.

Freilich dürft ihr nicht erwarten, dass ihr jetzt einfach schon alles mit dem Herzen versteht, dass ihr von jeder heiligen Handlung ergriffen werdet. Es ist auch hier wie beim Lernen einer fremden Sprache: Es ist viel Einübung nötig, um mit ihr ganz vertraut zu sein. Gott hat für das Einüben im Glauben viele Stufen geschaffen, die sich über das ganze Leben erstrecken. Wer das geduldig auf sich nimmt und nicht ungeduldig sofort alles verstehen möchte, nähert sich dem unmittelbaren Bezug zu Gott Vater und Jesus Christus an. Wann sie aber das Herz ergreifen, das bestimmen sie ganz allein.

Aber fragt eure Lehrer, wenn ihr nicht versteht, fragt nach den Bedeutungen der heiligen Handlung und der Texte, die ihr lernen müsst. Lasst euch auch bitte nicht dadurch entmutigen, dass mancher Religionslehrer, dieser oder jener Pfarrer den Glauben ohne Feuer, ohne eigene Überzeugung vermitteln oder womöglich eher die Zweifel an den Glauben nähren. Dies gibt es leider auch unter den Geistlichen: dass sie eine falsche Berufswahl getroffen haben oder dass sie sich gar selbst von einer Irrlehre verführen ließen. Berichtet zu Hause, wenn man euch in der Schule oder in der Kirche unsicher macht, wenn ihr den Eindruck gewinnt, dass man euch eher vom Glauben fort – als ihn euch nahe bringen will. Es gehen leider viele Verführer und viele Verführte um. Sie sollen und dürfen keine Macht über euch gewinnen. Wir wollen euch gegen sie – die oft nicht wissen, was sie tun – beschützen und euch helfen, die wahren Weisheiten von den falschen zu unterscheiden; denn

wir haben euch lieb und beten dafür, dass ihr von Schutz-
engeln umgeben seid, die euren Leib, aber auch eure Seele
und euren Geist behüten und bewahren.

Eure Patin

Die Bedeutung der Moden —
Mitmachen, ja oder nein

Liebe Christine, lieber Christian!

Wie rasch wieder einmal das Jahr vergangen ist! Vierzehn Jahre seid ihr jetzt wahrhaftig alt. Früher kamen die Kinder in diesem Alter aus der Schule und traten voll in das Erwachsenenleben ein, das in den allermeisten Fällen ein Leben in harter, unermüdlicher körperlicher Arbeit war. Unser modernes Leben gibt euch Aufschub. Viele Berufe bedürfen mehr der Ausbildung des Sachverstandes als des körperlichen Einsatzes. Ihr dürft euch noch tummeln, ihr werdet noch versorgt, ihr braucht noch keine Verantwortung zu übernehmen und müsst euer eigenes Brot noch nicht selbst verdienen. Ihr habt es gut, obgleich Warten ja grundsätzlich auch nicht gerade als Annehmlichkeit empfunden wird. Ihr merkt doch schon, wo es langgeht, ihr wittert das Abenteuer Leben – und natürlich wollt ihr bald damit anfangen.

Das steht euch gewiss zu! Wir alle, die wir um euch sind, sind mit darum bemüht, euch für eure Selbständigkeit vorzurüsten. Denn Ausrüstung muss sein: Weniger als der Aufstieg auf die Zugspitze ist das Leben nicht, und es ist bestimmt nicht ratsam, die Wanderung in Turnschuhen und T-Shirts zu beginnen. Deshalb ist es im Grunde ein Geschenk, dass in den zivilisierten Ländern der Start in die

Eigenständigkeit für die jungen Menschen hinausgeschoben werden muss. Man kann sich dadurch besser auf das, was auf einen zukommt, vorbereiten. Freilich ist das den meisten Jugendlichen nicht klar. Die einen meckern tagaus, tagein zu Hause an ihrem sogenannten »Eingeengtsein« herum, die anderen begeben sich in eine Art Dämmerzustand. Weil sie das Unbehagen des Wartens »nervt«, umgeben sie sich mit möglichst viel Lärm: Lärm aus der Röhre, Lärm aus den Diskotheken, ab sechzehn Lärm mit Motorengeknatter.

Das ist für die Psychologen durchaus erklärbar. Wir Menschen mögen nun einmal keine Unlust, und wenn sie zu groß wird, suchen wir sie mit allen Mitteln auszuschalten. Und dazu lassen wir uns viel einfallen. Dazu gehört auch das Übertönen. Jeder Mensch macht das automatisch, z. B. wenn er zu starke, nicht aushaltbare Schmerzen hat: Er schreit. Er kann gar nicht anders, er muss schreien. Im Lärm der modernen Musik ist freilich noch mehr enthalten als dieses Element der Abwehr von Qual: Rhythmus ist das Urelement zur Entspannung einer unruhigen, aufgescheuchten Seele. Wir lernen die beruhigende Wirkung des Rhythmus bereits im Mutterleib kennen. Deshalb ist das Wiegen für Säuglinge ein Mittel zum Einschlafen, deshalb schläfert uns Eisenbahnfahren so rasch ein. Die Mischung von Lärm und Rhythmus hat eine von vielen Menschen ersehnte Wirkung: Einerseits betäubt er die Unlust und entspannt uns gleichzeitig, andererseits verhindert die Lautstärke, dass man nicht ermüdet, sondern aktiviert wird. Das ist der Grund dafür, dass Rock, Pop und Jazz mit soviel Verstärkergetöse praktiziert wird und so gut ankommt. Wenn man nun erst einmal erfasst hat, dass mit dieser Form der Freizeitbeschäftigung eine Entlastung von einem belastenden Alltag erreicht werden soll und kann, so erhebt sich die Frage: Tut diese Form der Entlastung mir aber auf die Dauer gut? Die Wissenschaftler behaupten: Nein. Sie haben festgestellt, dass junge Menschen, die jeden Tag über mehrere Stunden eine erhebliche Phonstärke an Lärm aufnehmen, auf die Dauer hörgeschädigt werden. Sie werden für die feineren, helleren Töne taub. Die Pädagogen und Psychologen können hinzufügen, dass alle Gewöhnung des Gehirns und der Seele an das Grobe auch diese Empfangsorgane allmählich zu unempfindlich macht, um das Zarte, Tiefe, Leise zu vernehmen. Auch die großen Weisheitsbücher aus aller Welt lehren uns, dass die Voraussetzung zu einem gefühlsreichen, zu einem freudenreichen Leben die Empfangs- und Beobachtungsfähigkeit für das Zarte und Leise ist. Erinnert ihr euch? In den Märchen werden meistens die »Dümmlinge« König oder Königin, jene, die die Not der Ameisen erkannten und die Bienen in ihrer Bedrängnis hörten. Damit soll gesagt werden: Nur diejenigen werden in ihrer Menschlichkeit groß, die sich in der Stille, in der Nachdenklichkeit diese innere Hellhörigkeit erworben haben.

Wenn man bereit ist, diese Erkenntnisse zu akzeptieren, so taucht eine zweite Frage auf: Ist mein Alltag für mich wirklich unerträglich unlustgeladen dadurch, dass ich so lange in einem Zustand der Unselbständigkeit zu leben genötigt bin, und ist die ewige Lernerei meinen eigentlichen Lebensbedürfnissen, meinem Lebenshunger wirklich zu wenig angemessen? Wenn ihr nach einer ehrlichen Prüfung diese Frage verneint, wenn ihr also feststellt, dass in eurem Alltag ein aushaltbares Maß an Unbehagen über diese Lebensform vorhanden ist, dann hilft es sehr, sich den Sinn dieses Zustandes bewusst zu machen – wie ich es im Brief vor drei Jahren tat – und euch klar zu machen, dass ein wenig Unbehagen auszuhalten sogar ein gutes, ja geradezu lebensnotwendiges Training für die Hochgebirgstour Leben sein kann.

Wenn man spürt, dass das Ausmaß der »verkopften« Tätigkeiten zu groß ist und selbst dadurch nicht ausreichend entschärft werden kann, dass man es bejaht, so lohnt es sich allemal, nach Ausgleichsformen auf die Suche zu gehen, die eure seelische Kraft nicht mindern, sondern verstärken. Im Grunde brauche ich euch das wahrscheinlich gar nicht ausdrücklich zu raten, und dennoch ist es vielleicht interessant für euch, wenn ihr erkennt, was für ein positiver Sinn darin steckt: Sport treiben, Handwerken und Handarbeiten, Wandern und Radfahren taugen als Ausgleich zum vielen Sitzen-Müssen. Und die unruhige Seele kann man besonders dadurch beruhigen, dass man zum Beispiel malt, Bücher liest, die die Fantasie anregen und deren Stoff einen interessiert, und indem man musiziert, handarbeitet oder gute Musik hört.

Wichtig ist im Grunde, dass man in seiner Freizeit nicht wahl- und ziellos wird. Von 14 Uhr bis 22 Uhr unentwegt den Hörfunk einzuschalten oder über Stunden in den Fernsehapparat zu starren und einfach wahllos alles zu konsumieren, was da so läuft, ist ziemlich unsinnig, weil damit kostbare Zeit vergeudet wird. Und – ich schrieb euch das schon: Sie lässt sich später nicht ohne weiteres wieder einholen. Man verpasst etwas Unwiederbringliches, Lebenswichtiges, und zwar meist nur aus seelischer Trägheit und aus Mangel an Klarsicht.

Manche Jungen und Mädchen verhalten sich in dieser Zeit auch nur deshalb so, weil sie merken, dass sie damit ihre Eltern, vor allem ihre Mütter, ärgern können. Sie benutzen den aufdringlich lauten Konsum aus der Röhre als Instrument, um ihre Unabhängigkeit von Mutters Wünschen laut zu dokumentieren und nachhaltig zu bekunden. Dabei ist diese Form eher der Art eines verhungernden Kleinkindes gemäß: Das frisst auch schließlich wahllos alles, was ihm unterkommt, statt zu fragen, ob es bekömmlich oder unbekömmlich ist.

Freilich kommen wir bei all diesem Nachdenken nicht darum herum, noch eine andere Frage mit zu berücksichtigen, die konkret etwa lauten müsste: Na schön und gut, wir sehen ja ein, dass ein Übermaß an elektronischem Konsumieren eher so ist, als legten wir uns als Vorbereitungsprogramm für den Aufstieg zur Zugspitze ausgerechnet ein anständiges Übergewicht zu, aber wenn das nun einmal zur Voraussetzung gehört, um überhaupt in die Mannschaft aufgenommen zu werden, was bleibt uns dann anderes übrig, als sich so zu verhalten wie alle anderen? Das bezieht sich ja nicht nur auf die Vorliebe für das Gängige aus der Elektronik. Du sagtest bei deinem letzten Besuch hier, Christine: »Im Augenblick ist es für mich überhaupt nicht möglich, in unserer Klasse z. B. in einem Schottenfaltenrock zu erscheinen. Das geht einfach nicht. Du bist dann binnen kurzem unten durch, du kannst einpacken.«

Und Christian meinte: »Versuch doch mal zu sagen, dass du das Gekreische des Michael Jackson nicht zum Aushalten findest. Die Mädchen gehen auf dich los und würden dich am liebsten lynchen, und die Jungen drehen sich weg, und von da an bist du Luft für sie. Das will man doch nicht.« Und Christine fügte hinzu: »Ich habe auch an mir gemerkt, wie schnell ich das, was nicht mehr »in« ist, selbst nicht mehr will. Ich mag einfach keine Schottenfaltenröcke mehr, Mutter kann mir noch so viele kaufen. Ich selbst finde die Ramschsachen chic! Ich habe da überhaupt keinen Kompass in mir. Ich finde eben das toll, was in unserer Klasse Mode ist. Irgendwie gefällt mir dieses Anpassen auch nicht gerade an mir, aber ich kann es nicht ändern.«

Zwei dicke Zusatzprobleme also in der Tat. Um beim letzten zu beginnen und Christines Beobachtungen zu kommentieren: Sie hat unsere allgemeine Modeabhängigkeit entdeckt. Das ist in uns allen fast so etwas wie ein Zwang. Wir wollen nicht aus der Reihe tanzen. Das geht ganz automatisch. Wir fragen kaum einmal bei solcher Gelegenheit: Ist diese Sache gut – auch für mich persönlich – selbst wenn es für die anderen so ist? Nein, solche Erwägungen dringen selten überhaupt bis in unser Bewusstsein vor. Jetzt sind die Schuhe spitz, jetzt sind sie rund, jetzt sind Blockabsätze Trumpf, jetzt werden Sportschuhe salonfähig. Wir passen uns fast alle mit Sicherheit an, darauf kann sich die Bekleidungsindustrie einstellen. Man spricht deshalb mit Recht vom »Diktat der Mode«, aber das eigentliche Diktat liegt nicht etwa nur im Erwerbstrieb einiger Manager, sondern mehr in unserer menschlichen Natur. Wir haben einen unheimlich starken, vollautomatisch funktionierenden Nachahmungstrieb in uns, und der bezieht sich keineswegs auf die Bekleidung allein. Auch unser Geist lässt sich (ohne dass wir das auch nur im mindesten ahnen) modisch manipulieren. Und Funk und Fernsehen sind darin Verstärkungsinstrumente von gigantischer Wirksamkeit. Sie bekommen es fertig, dass Moden eine internationale Verbreitung finden und dass eine globale Vereinheitlichung in Meinungen, Vorstellungen und in Gewichtungen von Problemen bei den Menschen in denjenigen Ländern hervorgerufen werden, in denen diese Medien benutzt werden.

Wenn wir uns also damit auseinandersetzen wollen, wie wir uns in diesem gewaltigen, unbewussten Sog des Stromes der Moden verhalten sollen, dann müssen wir uns zuerst einmal die Frage stellen, welche Aufgabe dieser grundlegende allgemeine Charakterzug wohl hat; denn solche durchgängigen Charakterzüge haben immer auch einen lebenserhaltenden Sinn. Der ist rasch gefunden: Wir Menschen gehören zu den Lebewesen, die sich Isolation im Allgemeinen nicht leisten können. Als einzelne sind wir zu schwach. Dafür ist das Leben zu hart. Wir bleiben in vielfältiger Hinsicht aufeinander angewiesen. Zusammenarbeit in der Gruppe lässt Not besser besiegen, lässt bei guter Organisation mehr erreichen und schützt den Einzelnen – besonders die Schwächsten – gegen Gefahren von außen. Dazu muss sich die Gruppe aber als Gruppe erkennbar machen; sie tut es durch Uniformierung, durch gleiche Kleidung, gleiches Verhalten, ja sogar durch gleiches Denken.

Die Uniformierung ist besonders deshalb in vielen Fällen lebenserhaltend und schützend, weil der, der anders aussieht, der nicht zustimmt und einstimmt in den Chor einer von der Mehrheit getragenen und dadurch allein für richtig gehaltenen Meinung (ohne dass das irgendwem bewusst wird), nicht etwa nur ins Abseits gerät, sondern gleichzeitig in den Verdacht kommt, ein Feind zu sein und die Gruppe zu gefährden.

Es entsteht so zunächst eine Stimmung des Übersehens; aber diese ist keineswegs durch eine allgemeine Gleichgültigkeit der Gruppe bestimmt, sondern durch eine verdeckte, noch nicht in Erscheinung tretende Aggressivität der sich anpassenden Gruppenteilnehmer. Bei dem nächstbesten Anlass aber, bei dem der Nichtangepasste sich eine

Blöße gibt, setzt die sprungbereite Meute unversehens – ohne selbst zu wissen, was sie tut – zur Gruppenhatz an.

So ist unsere Realität – und es hilft dem Einzelnen wenig, wenn er sich sagt, dass diese Gesetze doch eigentlich eher für eine Affenhorde in der Wildnis taugen als für Menschen, die in einer Hochzivilisation leben. Diese Automatismen bestimmen einen Großteil unserer Wirklichkeit, ja, sie werden durch die neue Verbreitungsmöglichkeit von Moden und Meinungen zusätzlich in einem ungeahnten Ausmaß verstärkt.

Ihr habt sehr recht, wenn ihr euch scheut, dieser Macht gegenüber den heldischen Einzelgänger zu spielen. Einer solchen »Verteufelung« – wie oben geschildert – kann sich der Einzelne – schon ganz und gar der junge Mensch – nicht aussetzen. Wie also das Problem lösen? Nun – soweit es sich nicht um Wesentliches handelt – wie zum Beispiel bei der Bekleidung, der Haartracht, den Schuhen – sollte man ruhig unter Ausnutzung jeglichen modischen Spielraums »mit den Wölfen heulen«. Man hat's dann leichter.

Aber selbst im Hinblick auf die in Mode gekommenen Dinge, die schaden können oder den Geschmack verderben, ist es sicher nicht angebracht, gewissermaßen vom »hohen Ross« seine Abneigung womöglich mit Verachtung und Besserwisserei kundzutun. Damit würde man den Einzelnen, die nur so mitlaufen, auch nicht gerecht werden. Die Gegeneinstellung sollte mehr in der Stille gelebt als in einem überheblichen Heldentum demonstriert werden.

Natürlich erleichtert es die Situation, wenn man bei diesem unauffälligen Abstandnehmen von der Gruppe einen Kumpel in der Nähe hat, der ähnlich eingestellt ist und ebenso eine wirklich eigenständige Einstellung zu gewinnen sucht. Dann fühlt man sich in der Gruppe nicht so vereinzelt und fremd.

Auf alle Fälle darf die Anpassung niemals so weit gehen, dass man sein Selbst völlig an den Gruppengeist verliert. Das beschwört nämlich zwei Gefahren herauf: Als erstes die, dass man vergisst, nach dem eigenen Lebensauftrag zu fragen und zu suchen. Kein Lebensauftrag ist dem anderen nämlich vollständig gleich. Jeder Mensch hat ein anderes Gesicht, eine andere Gestalt, jeder einen anderen Charakter – bis zu den unterschiedlichen Fingerabdrücken. Jeder ist ein neuer, einmaliger Entwurf aus der unerschöpflichen Werkstatt Gottes. Mit jedem Einzelnen meint er etwas ganz Besonderes, etwas ganz Bestimmtes. Durch Nur-Anpassung an die Gruppe kann der eigene Lebensauftrag nicht gefunden werden. Dazu ist es nötig, sich intensiv seinen besonderen Begabungen zu widmen. Es ist nicht das Ziel des Schöpfers, dass der einzelne Mensch ein blökendes Tier in einer Herde von Schafen bleibt. Wir sollen über unsere Schafsnatur, ja auch über die Gruppe hinauswachsen, ohne sie deshalb für unwichtig zu halten oder sie gar überheblich zu meiden und zu verachten.

Dies ist eine außerordentliche Gefahr: dass wir hinter unserem Entwurf zurückbleiben, ihn aus Bequemlichkeit nicht zur Verwirklichung bringen. Es ist ratsam, sich davon abzuwenden; denn Menschen, die sich selbst verpassen, werden zunehmend unglücklicher. Das ist ein Gesetz, und das Unglücklichsein ist dabei wohl so etwas Ähnliches wie der Sporn des Reiters: Er soll den Menschen in die richtige Richtung in Marsch setzen.

Das ist also das eine. Die zweite Gefahr besteht darin, dass man durch eine gedankenlose Anpassung an die lautstarken Modetrends sich nicht mehr genug in prüfender, fragender Kritik übt. Unbewusst sitzt man der Meinung auf, dass das, was die Mehrheit der Gruppe denkt und tut, doch wohl auch bereits dadurch gut und richtig ist, dass es die Mehrheit ist, die so denkt. Aber das ist ein verhängnisvoller Irrtum! Durch die kritiklose Gleichschaltung mit der Gruppe wird man sehr schnell manipulierbar und von bösen Verführern beeinflussbar. Alle machtsüchtigen Politiker betreiben das z. B. ganz bewusst: Sie halten sich an die Jugend und versuchen, den Gruppengeist für ihre Zwecke einzuspannen, weil sie wissen, dass die Jugend ganz besonders noch auf die Gruppe angewiesen ist, dass sie über diese besonders leicht aufhetzbar ist und als Angriffspotential nutzbar gemacht werden kann.

Aber diese Gefahr ist nicht nur im politischen Bereich vorhanden. Durch das Hochspielen und Verbreiten von Modetrends über die Medien kann die Unterscheidungsfähigkeit von Gut und Böse für die jungen Menschen in einer verwirrenden Weise vernebelt werden.

Und damit sind wir bei einer Frage, die ihr mit Recht stellen werdet: Woran sollen wir uns denn aber halten, wie sollen wir zu eigenständiger Kritik gegen den Sog der allgemeinen Meinung kommen? Eben, indem ihr euch in den großen Fragen nicht an Menschen, sondern an Gott, an der biblischen Aussage orientiert. Das ist nicht immer ganz einfach – auch die biblische Aussage lässt sich von Menschen verdrehen –, aber je genauer ihr in dieser Richtung forscht, umso klarer lernt ihr zu unterscheiden.

Ich will versuchen, euch dabei zu helfen – nicht, damit ihr meine Meinung einfach übernehmt und es dann im Einzelnen so macht, wie ich es für richtig halte, sondern indem ich mit meiner Erfahrung sozusagen wie ein Wegweiser an eurer Straße stehe. Deshalb ist auch dabei sicherheitshalber nötig, immer wieder einmal selbst auf die Landkarte – sprich in die Bibel – zu schauen; denn auch Erwachsene können sich irren. Ja sie haben das Verirren in ihrem Leben bereits schon reuevoll erlebt. Aber gerade weil sich gezeigt hat, dass das häufig daran gelegen hat, dass die Alten den Jungen so oft nicht zur rechten Zeit klar genug gesagt hatten, worum es eigentlich geht, schreibe ich euch diese Briefe. Den Weg zwischen Anpassung und echter Eigenständigkeit zu finden, ist gewiss nicht leicht, und dennoch lohnt es sich, sich darum zu bemühen; denn das Problem ist nicht einfach dadurch lösbar, dass der Jugend ein Gruppengeist aufgenötigt wird, der den Protest gegen Anpassung zur Mode erhebt! Damit ist die Gefahr der zu weit gehenden Anpassung des einzelnen an die kritiklos machende Gruppe schließlich mitnichten beseitigt! Dann nämlich werden alle jungen Menschen zwischen zwölf und dreißig in die Anpassung an den Protest gegen das sogenannte »Establishment« genötigt und laufen doch auf diese Weise auch nur wieder mit in einem Rudel, das von vornherein ein Feindbild aufgerichtet hat und Aggressivität gegen alles, was über dreißig ist, weckt und schürt.

Wie viele Jugendliche sind in der Gleichschaltung mit diesem Protest gegen die bürgerliche Welt zu nichts anderem gekommen als zu ihrem eigenen Verderben, weil sie es für heldisch hielten, sich nicht dem sogenannten »Leistungsdruck der kapitalistischen Gesellschaft«, zu unterwerfen, und so die kostbare Zeit zur Ausbildung ihrer Begabungen und zum Berufsabschluss verpassten! Das besonders Tragische dabei ist vor allem, dass sie glaubten, damit heldenhafte Nichtanpassung an eine abschaffungswerte Lebensform zu vollziehen und doch nichts weiter praktizierten als verborgenen Nachahmungstrieb, dem sie mit besonderem Übereifer erlagen.

In diesem Zusammenhang möchte ich euch auch gerne noch bewusstmachen, dass die Mode des Protestes der Jugend gegen die Lebensform der Alten eine ebenso billige wie leicht auslösbare Stimmung bei Jugendlichen nutzt, die noch im Wartestand sind: Ihr berechtigter Wunsch nach Unabhängigkeit lässt den Protest gegen die Alten auf besonders günstigen Nährboden fallen. Das Leben mit den Eltern unter einem Dach »nervt«. Man erkennt jetzt all ihre Unvollkommenheiten. Man möchte sich (berechtigterweise, das sei noch einmal gesagt) von ihnen befreien. Es ist ein leichtes, aus den Eltern in den Augen der Jungen abschaffenswerte Trottel zu machen.

Das Schlimme ist nur, dass es den Jungen schadet, weniger den Alten, wenn sie auch über dieses Elend zu Leidenden werden. Aber für euch, die vierzehn- bis zwanzigjährigen, wird diese Abwertung zu einer euch einengenden Überheblichkeit. Ja, noch mehr: Da die Medien nicht selten die Vorstellung vermitteln, dass die Jungen die Weisen und Alten die Törichten seien, erlischt in den Jungen immer mehr das Bedürfnis, aus der verlängerten Jugendzeit das zu machen, für das sie notwendig ist: sich für diese komplizierte Welt fit zu machen. Stattdessen tummeln sich die, die sich haben in dem Strom mitreißen lassen, in demonstrativer Anti-Manier auf den Märkten und lassen dort lautstark ihren Protest los. Und nun noch etwas besonders Skurriles: Die ebenfalls in diesen Sog gezogenen Alten vergessen ihre Lebenserfahrung, sperren die Ohren auf und nehmen die abgegriffenen Gemeinplätze sozusagen mit offenen Mündern von der so cleveren Jugend auf, die die Weisheit mit Löffeln gegessen hat. Und keiner merkt, dass die einen wie die anderen dabei ihrem (manipulierten!) Herdentrieb gehorchen.

Lieber Christian, liebe Christine, mir ist bewusst, dass ich euch mit diesem Geburtstagsbrief allerlei zumute. Vielleicht findet ihr manches auch zu scharf. Bitte, bedenkt, dass ich niemanden, weder die Jungen noch die Alten, wegen ihres Verhaltens missachte. Im Grunde meinen schließlich alle, auf diese Weise positiv zu wirken und fortschrittlich zu sein. Fortzuschreiten, das ist wirklich unsere Aufgabe. Ich schreibe euch aber diese Dinge nur, um euch vor Irrtümern zu bewahren, die eure Entwicklung blockieren könnten und die ihr deshalb später bereut, wie es schon viele getan haben.

Kürzlich sagte ein Mädchen zu mir: »Wenn mir das meine Eltern immer wieder einschärfen, in was für Fallen man als Jugendlicher geraten kann, dann bekomme ich richtig Angst vor dem Leben, dann möchte ich mich am liebsten auf gar nichts mehr einlassen. Wie schaffe ich es, damit fertig zu werden; wer macht mir mit einleuchtenden Begründungen Mut?«

Ich hoffe von Herzen, dass ihr meine Warnungen nicht als Lebensabschreckung, sondern als Wegweiser zur Orientierung, und das heißt gerade umgekehrt als Entängstigung erlebt. Wenn wir im Wald und Gebirge an einer Markierung neu erfahren: Wir sind auf dem richtigen Weg, dann gehen wir unbekümmert weiter. Angst erhebt sich hingegen mit Recht, wenn wir spüren, dass wir in die Irre gehen. Sich lebensscheu zu verhalten trotz guter Wegmarkierungen ist eigentlich ein Zeichen von Kleingläubigkeit; denn wer nichts wagt, wird schließlich nicht nur unglücklich, sondern er ist keineswegs minder gefährdet, dass ihm im Haus etwas zustößt. Was bewahrt uns davor, dass uns ein Flugzeug oder ein Satellit aufs Dach fällt? Wer garantiert uns, nicht die Treppe herunterzufallen oder gar über unsere eigenen Füße zu stolpern?

Wir sind aber als freie Mitarbeiter an der Schöpfung nicht in das Leben geschickt, damit wir unser Licht unter den Scheffel stellen und unsere Pfunde vergraben. Wir sollen es vielmehr damit versuchen! Jedenfalls kann der, der im Vertrauen auf Gott so handelt, auch sehr allgemein die Erfahrung machen, dass sich dieser Mut auszahlt. Wer wagt, gewinnt!

Ich habe euch lieb, ich denke an euch und wünsche euch ein fröhliches Feiern.

Eure Patin

Tod, Leid, das Böse; nützt das Gebet?

Liebe Christine, lieber Christian!

Gleich doppelt habe ich euch in diesem Jahr zu gratulieren: außer zu eurem fünfzehnten Geburtstag auch zur Konfirmation. Fast schon zu viel der Ehrentage für euch, kaum war das eine Fest verrauscht, da steuert ihr schon das nächste an. Die Gabentische brachen. Gibt es überhaupt noch etwas, was ihr euch wünschen könnt? Mir wird dabei etwas unheimlich zumute. Deshalb habe ich davon abgesehen, euch in diesem Jahr irgendetwas zukommen zu lassen, das einen materiellen Wert hat.

Stattdessen habe ich die Fotos vervielfältigen lassen, die euch einen Einblick in die Geschichte eurer Familie geben. Ich wollte damit ganz bewusst einer euch am Ende gar schädlichen Verwöhnung entgegen steuern. Ich habe mich hingegen sehr intensiv geistlich auf eure Aufnahme in die Gemeinschaft der Christen vorbereitet, habe viel für euch gebetet und bin mit großer innerer Bewegung bei den heiligen Handlungen dabeigewesen. Ich als eure Patin halte es für überflüssig, ja, es wäre ein gefährliches Übermaß, wenn ich die anderen Gäste gar mit Goldmanschettenknöpfen und Diamantringen übertrumpfen würde. Die Konfirmation setzt doch gerade eine andere Rangordnung fest: erst der Geist, erst die Liebe, die Gemeinschaft mit Jesus Christus, mit der Gemeinde, der Familie, dann das Denken an das Materielle: Geld, Gold, Besitz, Kleidung und was noch alles zu unseren leiblichen Bedürfnissen gehört. Deshalb fand ich es auch gut, dass das Festessen an eurem Ehrentag ein schlichtes Mahl war.

Unsere Art des Feierns muss doch zu dem Anlass passen, und das tut sie nicht, wenn sowohl in der Gestaltung wie auf den Gabentischen das Materielle den Vorrang hat. Nun – es war bei euren Festen zum Eintritt in die Gemeinschaft der Christen nicht so, es war dem Anlass gemäß und wirklich wunderschön. Ich wollte euch mit diesen Worten lediglich bewusst machen, warum das so viel wichtiger ist und wie leicht man bei solchen kirchlichen Festen in eine missbräuchliche Art des Feierns hineingeraten kann, nur weil das zu dem herkömmlichen Stil gehört.

In all dem Trubel sind wir nun leider nicht dazu gekommen, die Fragen zu vertiefen, die ihr in der nachmittäglichen Gesprächsrunde aufwarft. Deshalb habe ich mir schon auf der Rückreise vorgenommen, eure Fragen zum Hauptthema meines diesjährigen Geburtstagsbriefes zu machen. Schien es doch so, als seien eure Fragen fast so etwas wie eine Prüfung auf Herz und Nieren von euch – an mich als Patin gerichtet – so etwas Ähnliches wie ein Fortführen unserer Gedanken in dem Brief von vor zwei Jahren, ein Weiterdenken von euch mit der Frage als Hintergrund, ob meine Auffassung auch wirklich tauge oder doch nur Selbsttäuschung, Seelenschmus, »Bla Bla« sei, wie eure Generation pathetisches Geschwätz bezeichnet.

Im Grunde hatte diese Art eures Fragens schon eingesetzt, als ihr in den Osterferien bei mir wart. Ihr erinnert euch sicher: An eurem letzten Ferienabend hier war per Telefon die Nachricht über den furchtbaren Schicksalsschlag einer befreundeten Familie zu uns gedrungen. Bei einem Autounfall waren zwei Kinder in eurem Alter getötet worden und der Vater, der am Steuer saß, und dem es unmöglich gewesen war, auszuweichen, als ein schleuderndes Auto mit dem seinen zusammenprallte, hatte eine Querschnittslähmung erlitten; ein Mann in den besten Jahren ist plötzlich hilfloser Invalide –, eine Mutter, die gerade ihre Kinder prächtig großgezogen hatte und sich ein wenig freier fühlen konnte, muss bis auf weiteres Krankenschwester spielen –, beide sind in unendliche Trauer gestürzte, verwaiste Eltern.

Du, Christian, hattest damals die berechtigte Frage gestellt, die angesichts solcher Situation unweigerlich auftaucht: »Damit komme ich eben doch nicht klar, solche schrecklichen Sachen geschehen nun tagaus, tagein. Morgen schon kann eine solche Bombe in unserer eigenen Familie einschlagen. Wie lässt sich denn denken, dass ein Vater Gott, der uns über alle Maßen liebt, dies zulässt? Ist das nicht eine fromme Täuschung mit der Geborgenheit und Sicherheit in Gott? Haben die nicht auch täglich gebetet – diese Freunde unserer Familie? Haben sie nicht auch versucht, ein Leben im Geist der Bibel zu führen?«

Das Eingespanntwerden in die unmittelbaren Probleme der geschlagenen Familie und eure Abreise am nächsten Morgen verhinderte das Gespräch. Ich sagte euch aber zu, eure Frage nicht zu vergessen. Schaut, ihr beiden: Vor allem war dieses Ereignis für euch wie eine Art Weckruf. Mit großer Erschütterung – denn ihr kanntet die beiden Jungs recht gut – wurde euch bewusst: Morgen schon könnte uns das gleiche geschehen, morgen könnten wir selbst tot oder sterbenskrank sein. Ohne solches Erleben pflegen junge Menschen über den Tod wenig nachzudenken.

Scheinbar ist er noch so fern. Wir Menschen neigen nun einmal dazu, mit dieser absoluten Gewissheit, dass wir hier eines Tages für immer verschwinden, dergestalt umzugehen: Wir denken einfach nicht daran, ja, wir denken mit aller Macht davon weg. Der Gedanke an den Tod ist für den gesunden Menschen etwas zu Schweres, im Grunde Unfassliches und so überhaupt nicht Änderbares, dass man diese Realität immer wieder aus seinem Bewusstsein herausdrängt. Wir haben nun einmal alle einen unbändigen Lebenswillen. Selbst eure zweiundneunzigjährige Urgroßmutter hängt noch mit allen Fasern am Leben. Und doch sind wir alle mitten im Leben fortgesetzt in der Nähe des Todes. Erlebten wir ihn nicht immer wieder rings um uns her, stürben wir Menschen so unbemerkt wie die Tiere in der Natur, wir würden wohl viel seltener, vielleicht gar nicht auf die Idee kommen, uns mit ihm auseinandersetzen zu müssen.

So aber werden wir immer neu mit diesem Problem konfrontiert. Diese beiden Buben mussten sterben, jung und scheinbar ganz sinnlos durch einen dummen, gemeinen Zufall. War die Mühe der Eltern mit all ihrer Sorge und Pflege dann nicht ganz umsonst? War nicht ihr eigenes Abrackern in der Schule, in der Ausbildung nichts als Vergeudung? Ja, gewiss ist das so, wenn man so denkt wie zum Beispiel dein Biologielehrer, Christian, der meint, die Erde sei Zufall von Anfang bis Ende.

Im Grunde hat es bei dieser Auffassung eigentlich wirklich keinen Zweck, jeden Morgen mit der Plackerei neu anzufangen, wenn dies – der Tod – als letztgültige Wahrheit dabei herauskommt.

Aber genau hier liegt wohl auch der Grund dafür, dass der Tod von Menschen, die vor uns sterben, für uns, die wir ein Bewusstsein besitzen und nachdenken können, ein so erschütterndes Ereignis ist: Wir *sollen* uns mit ihm auseinandersetzen, wir sollen mit unserem Nachdenken bis an diese euch eben dargestellte Sackgasse gelangen. Denn gerade am Ende dieser Sackgasse, mit dem Rücken zur Wand, wird uns deutlich: So kann es nicht sein! Dann wäre doch das letzte Ziel alles Lebens die Resignation und Verzweiflung, die Mutlosigkeit, die Vernichtung, die Zerstörung, der Untergang.

Wir dürfen mit einiger Gewissheit (noch vor aller christlichen Einstellung) vermuten, dass dieses nicht das Ziel des Lebens ist; denn es ist schließlich mit starker Kraft auf Fortsetzung hin angelegt. Auch in der Natur stirbt alles lediglich, um sich zu erneuern und im Frühling in herrlicher Blüte verjüngt, verwandelt auf den Plan zu treten. Alles strotzt voller Lebenskraft, wird getrieben, sich hinauf zu entwickeln, sich zu vervielfältigen, sich neu zu gestalten. Nein, der Tod ist nicht der Weisheit letzter Schluss. Dass alles Vergängliche nur ein Gleichnis ist, lässt sich schon aus der Natur ablesen. Wenn wir dies zu Ende denken, kann es uns nicht entmutigen, wenn wir mit dem Tod so direkt konfrontiert werden. Nein, eher umgekehrt, wir sollen durch die Begegnung mit ihm wohl gerade Gott entdecken.

Wenn wir erst einmal dahintergekommen sind, dass nichts endgültig vernichtet, sondern verwandelt wird, dann beginnen wir uns auch die Frage zu stellen, welcher Art diese Verwandlung nach unserem Tod ist. Es gibt in den verschiedenen Religionen auf diese Frage verschiedene Antworten (in keiner von ihnen endet das Leben mit dem Tod). Unsere christliche Religion gibt darauf eine äußerst verheißungsvolle Antwort: Wir kommen in das himmlische Reich heim zu einem Vater, als Gläubige in die unmittelbare

Nähe zu Jesus Christus. »Alsdann vom Tod erwecke mich, dass meine Augen sehen dich – mein Herr und Gott – ich will dich preisen ewiglich«, lässt Johann Sebastian Bach im Schlusschor seiner Johannespassion den Chor jubeln. Wenn man sich von der wunderbaren Gewalt dieser Wahrheit ergreifen, sich bis in die Tiefe der Seele erschüttern lässt, dann dämmert es einem auf einmal, inwiefern der Zweifel an Gott angesichts des Todes unberechtigt ist.

Gott hält vielmehr etwas unvergleichlich Herrliches jenseits des Todes für uns bereit. Der Tod hat für Gott nicht den maßlosen Schrecken wie für uns. Er führt nicht in die Verwesung, sondern in eine schließlich von allem Leid befreite Seligkeit, in eine nie wieder anfechtbare Geborgenheit. Er führt zu *ihm selbst*. (Dass diese Vorstellung keine Illusion ist, wird interessanterweise z. Zt. gerade von den sogenannten Sterbeforschern, die Menschen befragen, die klinisch schon einmal tot waren, bestätigt. Sie berichten in großer Zahl von einem herrlichen Erleben, das ihnen die Angst vor dem Tod in Zukunft nimmt, ja sie sogar ein wenig sehnsüchtig macht nach diesem schon anfänglich geschmeckten seligen Erleben.)

Nun seid ihr mit eurem Fragen natürlich noch nicht am Ende, denn ihr sagt mit Recht: Aber warum dann die viele Quälerei? Zum Beispiel die grausame Trauer der Menschen, die nun doch ohne ihre Kinder, ihre geliebtesten Menschen sind, wozu die Quälerei eines solchen Invalidentums, wie dieser Familienvater es zu tragen hat? Ein allmächtiger, liebender Vater kann das für seine Kinder doch nicht verordnen – schon ganz und gar nicht, wenn sie, wie in diesem Fall, nicht Schuld sind. Und Schicksal ist doch nun einmal nicht von den Menschen gemacht, sondern etwas von Gott Geschicktes.

Oh ja, um diese Frage haben sich die Theologen und Philosophen gequält, seit Menschen angefangen haben, über Gottes Wege nachzudenken, und sie bleiben letztlich wohl ein Geheimnis, solange wir mit unseren nur beschränkten Sinnen hier auf der Erde leben.

Trotzdem gibt es auf diese Fragen einige sehr einleuchtende Antworten. Eine steht in der Bibel, vor allem in der Geschichte von Hiob, die ihr nun kennt: Der unschuldig leidende, gottesfürchtige Mensch wird durch sein Elend gewissermaßen in eine Feuerprobe gestellt. Er kann seine Zeit nun an nichts anderes mehr verschwenden. Er gerät durch die Vorherrschaft seines Leidens unversehens in eine intensive Auseinandersetzung mit seinem Gott. Er fleht ihn an, er bittet ihn, er hadert mit ihm, seine Gedanken kreisen um *Ihn*, und dadurch wird eine ganz unmittelbare Gottesnähe hervorgerufen. Eine Nähe, die ein Wunder hervorruft: Gott spricht schließlich ganz direkt mit Hiob.

Das ist das eine. Diese Erfahrung habe ich in meinem Leben als Wahrheit erfahren: Die Zuwendung zu Gott wird in elenden und drangvollen Situationen stärker. Deshalb empfindet man die schweren, jammervollen Zeiten merkwürdigerweise im Rückblick auch nicht mehr als die elenden, sondern im wahrsten Sinne des Wortes als die Tränen-*reichen* Zeiten. Und sie vermitteln dadurch auch paradoxerweise einen inneren Reichtum. Deshalb endet das Buch Hiob damit, dass er »*reich*, alt und lebenssatt starb.« Und diese Gottesnähe in Zeiten des Leids hat vermutlich für diejenigen Gläubigen, die Jesus Christus nachgelebt haben, noch eine weitere positive Seite: Der leidende Mensch hat im leidenden Christus ein direktes Vorbild – ein Überbild gewissermaßen, das dem kleinen persönlichen Leid in jeder Weise überlegen ist und doch gleichzeitig auch den absoluten Sinn des gehorsam angenommenen Schicksals erkennbar macht.

Irgendwann ist es »vollbracht«, und irgendwann ist es so weit, dass wir unseren Geist in die Hände des Vaters befehlen dürfen. Christus ist uns im tödlichen Leid der unsterbliche Bruder, der in unserer unmittelbaren Nähe ist und uns sogar samt unseren verzweiflungsvollsten Stunden (er selbst rief: Mein Gott, mein Gott, warum hast du mich verlassen) annimmt und in seinem Schutz bewahrt.

Die Frage ist freilich damit noch nicht vollständig beantwortet. Schließlich gibt es gar nicht so sehr viele Hiobs in unserer modernen Welt. Die meisten von uns sind nicht so gottesfürchtig und gerecht, wie er war. Wir sind vielmehr vor allen Dingen Sünder. Tagtäglich lassen wir uns irgendeine Torheit einfallen, die uns schadet und damit gegen Gottes Ordnung ist. (Denkt nur mal an eure blöde Raserei auf der Hauptstraße neulich mit euern Fahrrädern nebeneinander, die damit endete, dass Hendrik von einem Auto angefahren wurde. Denkt nur mal an eure leichtsinnige Klettertour neulich, Christine, wobei ihr fast im Unwetter umgekommen wäret. Ihr habt sie gemacht, obgleich die Leute in der Hütte euch warnten!) Und in jedem Alter gibt es für uns spezielle Versuchungen. Sünde aber hat üble Folgen – seit Evas Tagen hat sie sie immer wieder gehabt und produziert in jeder Zeit zeitgemäße, aber logische Konsequenzen unserer Besserwissereien und Lässigkeiten.

Wir können uns zum Beispiel nicht wie Hiob bei Gott beklagen, wenn wir als Folge unserer Rauchsucht ein Raucherbein oder eine Raucherlunge bekommen. Das haben wir uns nun mal selbst eingehandelt und ist die Konsequenz unserer wissbaren (!) Disziplinlosigkeit und Verantwortungsschwäche.

Vermutlich werdet ihr hier einhaken und fragen: »Wieso verhindert Gott das dann aber nicht. Gott ist doch allmächtig.« Hierher gehört die Antwort, die Gott Hiob unmittelbar erkennbar machte: Gott hat seine Allmacht im Hinblick auf seine Schöpfung Mensch eingeschränkt, weil er ihn nach seinem Plan mit Freiheit beschenken musste, wenn der Mensch (nach seinem Bild geschaffen) zum Mitarbeiter am Ziel der Schöpfung werden soll: nämlich auf die Liebe zu setzen. Liebe und Zwang, Liebe und unbewusste Instinktabläufe schließen sich aus. Wenn Liebe sich verwirklichen soll, so hat sie Wahlfreiheit, so hat sie Freiwilligkeit, so hat sie bewusste Entscheidung zur Voraussetzung.

Diese Gegebenheit ist aber gleichzeitig die Achillesferse der Menschen; denn dadurch wird der Mensch versuchbar und durch dämonische Mächte verwundbar, die als Gegenspieler Gottes die Vernichtung des Lebens und das Vereiteln des Schöpfungsplans anstreben. Überall um uns herum gibt es infolgedessen diese Einflüsterer zum Bösen, auch in uns selbst. Unsere kreatürliche Natur, die wir mitbekommen haben und die zunächst in uns vorherrscht, ist nicht einfach gut, nicht im mindesten. Ihr könnt das an euren süßen jüngeren Geschwistern wohl beobachten. Unsere Urnatur ist naiv egoistisch und kann deshalb auf dieser Basis ganz schnell böse, und das heißt für andere und auch für uns selbst schädlich, ja, zerstörerisch wirksam werden.

Es ist wichtig, lieber Christian und liebe Christine, es mit der Bibel und mit der geschichtlichen Erfahrung ebenso wie mit der psychologischen Wissenschaft zur Kenntnis zu nehmen, dass diese Vorstellung richtig ist und nicht die euch heute gelehrte so verhängnisvolle Vorstellung, dass der Mensch von Anbeginn gut sei. Sie dient als Grundlage vieler Illusionen, die tödliche Folgen haben können. Man sagt euch, dass der von Natur gute Mensch allein von der »Gesellschaft« verdorben würde. Das ist ein Irrtum, hinter dem ein gefährlicher Wunschtraum steht, nämlich die Vorstellung, dass der Mensch den Menschen völlig neu machen könne.

Es sei euch sehr dringlich gesagt: Das entspricht nicht im mindesten der Wirklichkeit! Diese falsche Vorstellung öffnet unzulässigen Unbedenklichkeiten Tür und Tor und bewirkt eine leichtfertige Überdehnung unserer Freiräume. Sie denkt sich einen Buhmann (die Gesellschaft) als Feind aus und führt deshalb in einen selbstmörderischen Kampf aller gegen alle. Sie verkennt die eigene Sachlage: dass wir uns als Menschen hier auf der Erde gegen Mächte zu wehren haben, die ihren Hauptsitz nicht unter den Menschen, sondern hinter den Türen unserer Welt haben. Direkt ausgesprochen: dass es den Widersacher Gottes wirklich gibt.

Diabolos (das heißt Durcheinanderwerfer, wenn man es übersetzt) ist deshalb für uns alle so gefährlich, weil er sich an unsere »Natürlichkeit« heranmacht. Nicht wahr, wir sprachen schon darüber, als wir das Thema Geschwister behandelten – Liebe ist nicht Natur. Die Natur in uns will vor allem eins: dass wir selbst zu unserem Recht kommen, dass wir selbst uns durchsetzen und möglichst viel Platz (= Macht) in Anspruch nehmen. Mit unserer Natur, die wir nach Gottes Willen als erwachsene Menschen allmählich mehr zugunsten der Liebe in den Hintergrund stellen sollen, kann sich, wenn wir das nicht rechtzeitig in den Kopf bekommen, unser flinker Geist verbinden. Er kann sich alles mögliche ausdenken und hat trotzdem ein einziges Ziel: das Ich zum alleinigen Gott zu ernennen, alles Streben in seinen Dienst zu stellen.

Benehmen wir uns so, so werden wir allmählich rücksichtslos und selbstsüchtig, oft gepaart mit Heuchelei und Verlogenheit. Das Ich entartet ohne Gottesgehorsam fast immer zur Unmenschlichkeit, zu einer Einstellung, bei der der Mitmensch um der eigenen Macht willen gleichgültig wird.

Deshalb wird der Teufel in den Märchen häufig mit seiner Großmutter zusammen dargestellt. Die Großmutter ist hier die bildhafte Darstellung für die Natur, die, wenn sie sich mit selbstsüchtigem Geist umgibt, nur allzu rasch zur bösen Hexe entartet.

Ich schreibe euch das in diesem Brief nicht von ungefähr; denn im Modetrend unserer Zeit steht diese Gefahr im neuen Gewand und in verführerischer Unkenntlichkeit auf: indem man in der Angst vor den Folgen der technischen Maßlosigkeiten die Natur anzubeten beginnt. Aber das bedeutet, den Teufel mit Beelzebub auszutreiben. Naturanbetung ist Baalkult (so wird es im Alten Testament bezeichnet und Gott warnt davor immer wieder so eindringlich besonders durch seine Propheten). Naturanbetung bedeutet, sich unter ihre brutalen Gesetze des Fressens, um nicht gefressen zu werden, zu stellen und ist dem Ziel des Schöpfers entgegen gerichtet. Der freie Mitarbeiter des Schöpfers, der Mensch, hat nicht den Auftrag, alles Natürliche wuchern zu lassen; denn dann entsteht Dschungel in uns und um uns. Dann bricht das Ur-Tohuwabohu wieder aus.

Der freie Mitarbeiter Gottes soll die Natur zwar ehrfürchtig behandeln und ihre Macht richtig einschätzen, aber er soll sie gärtnerisch kultivieren, die Natur draußen ebenso wie seine Natur innen, in ihm selbst. Zügellosigkeit, Ordnungslosigkeit bedeuten, sich dem Teufel und seiner Großmutter zu verschreiben, und das ist ein sinnlos waghalsiges Unternehmen!

Wer die Natur vergötzt, verschlampt innerlich und schließlich auch äußerlich. Das möchte ich euch noch bewusst machen, damit ihr den entsprechenden Modetrends mit wacher Kritik gegenüber stehen könnt. Ich schreibe euch dies aber auch in dem Versuch, euch die ganze Dimension eines Menschenlebens zu verdeutlichen: Jedes Leben ist in der Tat so, wie die Alten, wie die Bibel, wie Goethe es in seinem Faustdrama darstellen: ein Kampf zwischen den Mächten des Guten und des Bösen um die Seele des Menschen. Um weniger geht es nicht!

Freilich, wäre dieses der Weisheit letzter Schluss, wir könnten einpacken. Denn eins ist gewiss: Um diesen Kampf siegreich zu bestehen, sind wir allein zu schwach. Wir können aber trotz dieser entmutigenden Realität ganz getrost sein. Was auch geschieht: Christus steht für uns ein, er hat uns erlöst, die Gnade Gottes siegt letztlich nach dem Tod für den, der sich zu ihm stellt, über das Gericht. Das ist das Unfassbare der »frohen Botschaft«. Nur in ihrem Schutz können wir überhaupt den Mut zur Fröhlichkeit haben. Die frohe Botschaft ist unser Garant für den echten, den nicht zu brechenden Lebensmut. Aber wenn wir begreifen, in welcher Gefährdung wir stehen, ist es auch töricht und überheblich zu meinen, wir bedürften heute der Zehn Gebote nicht mehr. Sie seien ausschließlich »gesetzlich«.

Aber das ist doch nicht wahr! Sie sind unsere Schutzzäune, ich schrieb es euch bereits einmal. Sie sind die Schutzzäune eines besorgten Gottvaters für seine eben noch nicht mündigen, seine unwissenden und allzu unbekümmerten Kinder. »Haltet euch an diese Umgrenzung«, sagt er, »dahinter lauern die Ungeheuer. Ihr fahrt besser damit! Ihr könnt nicht ermessen, in was ihr sonst hineingeratet!«

Das Schlimme: wir geraten ja keineswegs nur in viel Streit mit unserer Umwelt, wenn wir meinen, die Zehn Gebote hätten für uns keine Gültigkeit mehr. Wir geraten in Nöte, die uns an uns selbst verzweifeln lassen und die uns schließlich dazu bringen, erst die Welt und dann Gott zu verfluchen.

Manche Menschen heute verstehen die Zehn Gebote auch gar nicht mehr. Dabei sind sie für uns von so großer Bedeutsamkeit:

Das erste will unserem Denken und Tun die Hauptrichtschnur geben: Gottes Maßstab. Ohne den klappt nichts.

Das zweite will uns vor Heuchelei bewahren. Gott auf den Lippen und unseren Egoismus oder gar den Teufel im Herzen bewirkt, dass wir der Umwelt und schließlich auch uns selbst glaubwürdig werden.

Das dritte rät uns, auf der Suche nach Gottes Nähe, *ihm* in unserer Zeiteinteilung den wesentlichsten Stellenwert einzuräumen.

Das vierte fordert uns auf, die Erfahrungen der Alten, der Vorfahren zu beherzigen; sonst wird's nichts mit der Zukunft.

Das fünfte will uns davor bewahren, den Bruder Mensch aus Ichsucht zu beseitigen.

Das sechste weist darauf hin, dass eheliche Bindung Ausschließlichkeitscharakter hat (und unsere Zeit hat ausprobiert, was für eine bittere, leidvolle Wirrnis daraus wird, wenn man sich darüber hinwegsetzt).

Das siebente, neunte und zehnte Gebot will uns davor bewahren, unserer urtümlichen Raublust die Zügel schießen zu lassen, und es gibt dafür drei Gebote, weil diese habgierige Haltung in uns von »Natur« aus so besonders mächtig ist.

Und das achte Gebot will uns davor bewahren, die Menschen in unserem Umfeld – wenn auch nicht mit Steinen und Pistolen – so doch mit geistigen Mitteln (mit Verleumdung und Lüge) zu bekämpfen. Es warnt davor, weil wir sonst in die Teufelsküchen eskalierender Aggressionen geraten.

Diesen Geboten aus Gottes besorgter Liebe für die Menschen, die doch zu schwach sind, um in Freiheit die richtigen Wege zu wählen, hat Christus durch sein Leben und Reden besonderen Nachdruck verliehen. Er hat der Möglichkeit, die Gebote zu halten, eine schlichte, aber entscheidende Forderung vorangestellt: das Liebesgebot. Es vermittelt uns: Gott ist die Liebe, er ringt um den Sieg der Liebe auf der Erde. Deshalb existieren wir Menschen, und deshalb heißt unser Hauptwegweiser: »Du sollst Gott, deinen Herrn, lieben von ganzem Herzen, von ganzem Gemüte und mit aller deiner Vernunft – und deinen Nächsten wie dich selbst.«

Ihr habt nun freilich in eurem Konfirmandenunterricht die Erfahrung gemacht, dass selbst euer Pfarrer kein eindeutiges, sondern schlimmerweise ein gebrochenes Verhältnis zu seinem Glauben hatte. Er hat euch deshalb all diese Zusammenhänge nicht einleuchtend genug verdeutlicht. Woran lag das? Nun, er hat es euch selbst erzählt: Er hatte als Kind erlebt, wie sein Vater, der auch Pfarrer war, aus der »Gesetzlichkeit« ein machtanmaßendes Korsett für seinen Sohn geschneidert hat. Am Missbrauch des Glaubens durch den Vater war dem Kind der so wichtige gute Kern des Glaubens verdächtig geworden. Das ist in der Tat eine Gefahr. Christus kannte sie und hat vor ihr in seiner Auseinandersetzung mit den Pharisäern immer wieder gewarnt: dass das geistliche Amt missbraucht und ein starrsinniges Rechthabenwollen praktiziert wird, d. h., dass der Selbstbehauptungstrieb der Versuchung der Machtanmaßung unterliegt und zu primitiver Bemächtigung wird. Aber aus dieser Erfahrung lässt sich etwas Heilsames folgern: Wir können die Gebote des Alten und des Neuen Testaments wohl für uns selbst beherzigen und sie denen, die wir leiten, nahebringen; wir haben aber kein Recht, sie womöglich unter Strafandrohung anderen aufzunötigen und damit Macht auszuüben, erst recht nicht, die zu verdammen und zu missachten, die die Gebote übertreten.

Wenn selbst Gott den Sündern gnädig ist, wie sollen wir uns anmaßen, die Sünder zu verdammen! Das ist nicht immer ganz leicht und doch nötig zu praktizieren: vor dem Unglück des Zäuneüberkletterns (sprich: des Sündigens) zu warnen, aber dennoch, statt zu verurteilen, die zu trösten und ihre Wunden zu verbinden, die dabei zu Schaden kamen, weil sie die Warnungen missachteten.

Das wäre in der Tat Gesetzlichkeit, eben leider wieder einmal Überheblichkeit, genau genommen traurige Anmaßung – Sünde wider das zweite Gebot.

Kompliziert, nicht wahr? Denn man darf schließlich auch nicht alles laufen lassen! Deshalb schreibe ich zum Beispiel auch diese Briefe an euch. Wir alle sind schließlich füreinander mitverantwortlich. Wir dürfen nicht einfach die jungen Menschen in die Fallgruben und die Rachen der höllischen Ungeheuer stolpern lassen, die hinter den Schutzzäunen lauern. Wir Erwachsenen dürfen deshalb die Hände nicht in den Schoß legen. Wir tun's auch nicht, aber ihr sollt wissen: Selbst wenn ihr euch nicht daran halten solltet, werdet ihr von uns weiter geliebt und wert gehalten. Das gegenseitige Sich-Verurteilen, Verdammen und Mit-Finger-Zeigen kommt uns Menschen nicht zu, schon ganz und gar nicht solchen, die sich im christlichen Geist einander verbunden fühlen.

Christine hat nun an ihrem Konfirmationsabend noch eine weitere wichtige Frage gestellt, auf die ich auch noch eingehen möchte.

Sie sagte: »Manchmal hat mich der Unterricht aber auch irgendwie mutlos gemacht. Im Grunde ist es doch *nie* zu schaffen, jedenfalls nicht für mich. Jeden Tag neue Fehler: Ich fang' doch immer wieder mit meinem trampeligen Bruder Streit an, und ich behandle Mutter zwischendurch immer mal wieder wie einen Fußabtreter, obgleich mir das hinterher oft leid tut. Schön, da haben wir das Abendmahl. Jesus Christus verzeiht mir. Aber wird er das nicht auch mal leid? Mir jedenfalls wird meine eigene Unverbesserlichkeit leid, und oft flüstert dann etwas in mir: Ach was, lass es doch ganz. Das ist eben nicht zu schaffen!«

Ja schau, Christine, da steht er schon mitten drin, der Versucher. Gott, der Vater, der dich lieb hat, und Jesus Christus, die haben dir ihre Geduld mit dir verbrieft, aber dir selbst dauert das zu lange, bis du aus dem Gröbsten heraus bist. Du meinst, du hättest die Verpflichtung, schon mit fünfzehn Jahren eine heilige Theresa zu werden. Dabei rechnet Gott mit deiner Unverbesserlichkeit, sonst hätte der Erlöser nie für uns zu sterben brauchen. Und er liebt dich trotzdem weiter, weil er genauso hofft wie ich, deine Patin, dass du, die du so viel Liebes und Gutes schon empfangen hast, allmählich doch Fortschritte machst, so unmöglich es dir jetzt auch zu sein scheint. Mehr kannst du nicht erwarten; denn unser Egoismus ist zunächst sogar noch erwünscht, damit wir uns nicht überfordern. Abgesehen davon lässt sich etwas tun, um die Seite des Liebens zu verstärken: Wir können Gott um seine Liebe bitten, wir können ihn loben, ihm danken, wir können beten um die Erhaltung des Friedens und für bestimmte Menschen, die in Not sind. Dann wachsen auch allmählich die Kräfte, um unsere rohe Natur, unseren Uregoismus einzudämmen.

Aber nun hattet ihr noch einen Anlass zum Zweifeln parat: Oft hättet ihr um etwas ganz Bestimmtes gebetet: dass ihr im nächsten Schuljahr die nette Lehrerin bekämt; dass die Mathearbeit nicht schiefgehen möge; dass der Zahn nicht gezogen zu werden braucht; aber es half nichts. Es geschah trotzdem nicht das Erwünschte.

Da fehlt euch aber einfach noch die richtige Einstellung zum Gebet. Stellt euch vor, Gott erfüllte uns jeden Wunsch. Dann wäre er ja schlimmer als des Teufels Großmutter! Ihr würdet fürchterlich verwöhnt werden und schließlich vor lauter Sattheit keinerlei ernsthafte Anstrengungen mehr machen. Nein, so geht es nicht! Gott kann sich doch nicht zu einem Objekt eurer Zauberkünste machen. Ihr würdet ja binnen kurzem anfangen, ihn ganz vor euren Karren zu spannen, das heißt also, wie jeder »natürliche« Mensch es tut, vor den Karren seiner Ichsucht! Nein, das kann Gott nicht zulassen, wenn er seine Kinder liebt.

Anders ist das schon mit dem Beten um »Geistesgaben«, wie sie in der Bibel heißen: um Geduld, Sanftmut, Bescheidenheit, Tapferkeit, Hoffnung, Glauben, Liebe. Die sind viel eher zu erbitten. Aber auch bei den Stoßgebeten in wirklich großer Not und Bedrängnis ist die erste Voraussetzung für jegliche Gebetserhörung, dass der Betende sich mit tiefer, wahrhaftiger Bereitschaft die Worte von Christus in Gethsemane zu eigen macht und sie seiner Bitte nachstellt: »Aber nicht mein Wille, sondern dein Wille geschehe«; denn in diesem Nachsatz ist die Bereitschaft enthalten, alles anzunehmen, was der uns liebende Gott zuteilt. Es ist darin die Bitte ausgesprochen, nicht abzulassen von der Hoffnung, dass auch das Furchtbarste und Schrecklichste von einem Gott zugelassen ist, der uns unermüdlich liebt und deshalb uns zu der Hoffnung berechtigt, dass alle Dinge denen, die Gott auch im Unglück weiter lieben, zum Besten dienen, selbst dann, wenn es nicht nach den eigenen Wünschen abläuft.

Ich hoffe, dass ihr es eines Tages begreifen werdet, warum der uns liebende Vater auch euch dieses oder jenes unerwünschte Leid zugemutet und – wie man vielleicht besser sagen sollte – zugetraut hat!

Ich habe euch sehr lieb, freue mich an meinen erwachsenen Christenkindern und grüße euch herzlich.

Benachteiligungen

Liebe Christine, lieber Christian!

Meine herzlichen Glückwünsche zu eurem sechzehnten Geburtstag tragen diesmal einen besonderen Akzent. Ich habe bei eurem letzten Besuch hier den Eindruck gewonnen, dass eine ganz bestimmte Frage vorrangig bei euch ins Haus steht. Anscheinend ist Christine z. Zt. in einem Engpass. Sie beklagte sich darüber, dass man im Grunde als Mädchen »immer irgendwie benachteiligt bleibe«, dass sie so »zwiespältig« sei, wenn sie an ihre Zukunft denke. Einerseits wolle sie ja gern eine Familie haben, andererseits wäre man dann »aus allem heraus«, und eigentlich würde sie doch auch so ungern ihre Karriere im Hochleistungssport abbrechen.

Ich habe mir deshalb vorgenommen, unser Mitdenken in diesem Brief vorwiegend an Christine zu richten.

Dennoch, lieber Christian, ist er auch an dich adressiert; denn die jungen Frauen werden ihre modernen Probleme bestimmt nur lösen können, wenn auch die jungen Männer sie fest in ihr Bewusstsein nehmen und sich mit bemühen, sie zu bewältigen.

Zunächst möchte ich euch gern klarmachen, dass die Art, in der dieses Problem in der es in der Öffentlichkeit hin und her gewälzt wird, etwas mit einer typischen Mode zu tun hat (erinnert ihr euch noch an den Geburtstagsbrief von vor zwei Jahren, wo wir das Problem der Mode ausführlich erörterten?, und zwar mit einer bedenklich negativen Färbung: nämlich in allem und jedem eine sogenannte »Benachteiligung« aufzuspüren, diese dann hochzuspielen und sich erbittert darüber zu beklagen?)

Was ist das eigentlich für ein merkwürdiger Trend in unserer Zeit: Er tut derjenigen Personengruppe, die so ins Rampenlicht gerät, nicht im mindesten gut. Er ist so etwas wie ein fortgesetztes Aufputschen zur Unzufriedenheit. Denkt doch einmal, wie anfällig wir Menschen alle dafür sind, unzufrieden zu sein mit dem, was wir haben, und wie rasch wir gierig werden können, das haben zu wollen, was wir nicht haben und andere stattdessen besitzen. Denn dieser Gesichtspunkt ist immer dabei, steht ausgesprochen oder unausgesprochen dahinter: Die Frau ist nicht einfach nur so benachteiligt; nein, der Mann hat es viel besser als sie! Aus dieser Gedankenrichtung ergeben sich drei Schlussfolgerungen: 1. Ja, wäre ich doch nur ein Mann. 2. Warum habe ich nur das traurige Schicksal, als Frau herumzulaufen zu müssen? 3. Diese Männer mit all ihren Vorteilen sind hassenswert.

Es erfolgt also eine dreimalige Polung zur Unzufriedenheit: 1. Durch Zerstörung der Möglichkeit, sich selbst, so wie man ist, anzunehmen. 2. Durch Aufreizen zum Schmollen gegen das Schicksal – genauer gesagt gegen Gott. 3. Eine Polung der so gezüchteten Unzufriedenheit und Aggression gegen die »bevorteilte Gruppe«, in diesem Fall also gegen die Männer.

Ich möchte, wie gesagt, dieses Problem hier in allen Einzelheiten besprechen und den Versuch machen, dir zu helfen, es zu bewältigen, Christine. Aber vorher möchte ich euch einschärfen, euch grundsätzlich gegen diese negativen

Trends in unserem Zeitgeist kritisch einzustellen, um zu erkennen, dass hier eine Richtung zum Bösen hin eingeschlagen wird, und zwar raffinierterweise dadurch, dass negative Eigenschaften des Menschen gepflegt werden: Unzufriedenheit, Undankbarkeit, egoistisches Anspruchsdenken, Feindseligkeit und vor allem Neid. Ja, diese Denkweisen züchten geradezu den Neid, der uns ja allen seit Kindertagen ohnehin in den Knochen sitzt, er realisiert die alte Geschwistereifersucht, er bewirkt so etwas wie einen Rückschritt in unserer geistigen Entwicklung und gibt sich doch fälschlich betont als Fortschritt aus. Diese Denkweise ist wirklich enorm gefährlich für unser Leben, Christine und Christian, weil sie bewirkt, dass wir fortgesetzt gegeneinander zu kämpfen beginnen, dass wir immer irgendwelche anderen für ein künstlich in den Vordergrund gestelltes Unglück haftbar machen und (meist gänzlich unbewusst) diese anderen zu nötigen versuchen, für ihre Vorteile zu büßen.

Diese Einbahnung unserer Gedanken ist deshalb so verführerisch, weil in unserer archaischen Seele eine Lust vorhanden ist, den anderen, den Nebenbuhler auszustechen, ja, wir müssen uns das klar machen: ihn nach Möglichkeit zu beseitigen, um allein das Feld zu beherrschen. Der natürliche Selbstbehauptungstrieb in uns hat nun einmal automatisch diese Tendenz! Obgleich sie – zu Ende gedacht – gar nicht geht! Deswegen ist das viele Herausstellen von »Benachteiligungen« und das Klagen darüber letztlich eine Anklage gegen Gott, und zwar der, mit einem so miesen Schicksal bedacht zu sein. Im Grunde will dieser verführerische Geist erreichen: dass wir als die so schlecht Behandelten Gott den Stuhl vor die Tür setzen und uns in Zukunft nur noch auf uns selbst, auf unsere eigene Tüchtigkeit und auf die eigene Fähigkeit verlassen, um die ganze

Sache mit dem Leben, mit der Gesellschaft selbst besser zu machen und sie zum endlich gerechten Paradies zu verändern.

Bitte, macht euch das klar, wo euch dieser Geist auch begegnen mag: Mit einer Entscheidung für ihn wird dem Bösen der kleine Finger gereicht. Und er nimmt die ganze Hand, wenn er es erst einmal so weit gebracht hat. Darauf könnt ihr euch verlassen; denn dieses durch menschliches Verändern Besser-und-Gerechter-machen-Wollen hat bereits im Ansatz ein negatives, ein aggressives, ein menschenfeindliches Vorzeichen: Irgendjemand soll immerzu gemindert werden, damit der Benachteiligte es ebenso gut hat wie der Bevorteilte. Das Ganze ist von vorneherein auf Wegnehmen, auf Aggression hin angelegt. Hier nun fängt sich der Mensch in seiner eigenen Natur: Auf nichts reagieren wir vom zweiten Lebensjahr an so empfindlich, als wenn man uns etwas wegnehmen will. Diese Ausrichtung führt also nicht zur Verbrüderung, sondern zur gegenseitigen Abstoßung, zu gegenseitiger Feindschaft, zu gegenseitiger Panzerung und folgerichtig zum Sich-Abschirmen-Müssen. Das atomare Wettrüsten z. B. ist nur die letzte Konsequenz dieses Geistes gewesen, eines Zeitgeistes, der unser ganzes Leben durchtränkt. Summa summarum: Bei neidischem Vergleichen, bei der Unzufriedenheit mit dem, was das Schicksal uns zumisst, fängt alle negative Entwicklung an, fängt uns der Böse ein, so dass wir uns schließlich elend gefangen in einer selbstgemachten Verstrickung ausweglos verrennen.

Natürlich sind bei dieser Kritik die echten, veränderungsbedürftigen Missstände auszuschließen, wobei die berechtigte Frage entsteht, wie denn das zu unterscheiden sei, weil auch bei der Beeinflussung zur Unzufriedenheit immer zunächst irgendein echter Nachteil hochgespielt wird. Nun, die unterstützenswerte Bemühung um Veränderung ist am Fehlen der Wegnehm-Stimmung, am Fehlen aggressiver Momente gegen die, die es besser haben und deshalb zu bekämpfen und zu mindern sind, erkennbar. Der Prüfstein kann auch hier allein der moralische Anspruch sein, sich unter keinen Umständen auf Kosten von anderen zu bereichern. Hielten wir alle bewusst dieses Grundgesetz Gottes ein, so könnte der Jammergeist der Benachteiligung gar nicht so greifen. Dann würden wir nämlich erkennen, dass fast jeder Nachteil auch einen Vorteil hat, dass bei jedem so beneidenswerten Vorteil bei näherem Hinsehen immer auch ein beklagenswerter Nachteil zu entdecken ist, die der unzufrieden Benachteiligte glücklicherweise nicht hat. Die Nachteile des Bevorteilten werden aber meist geflissentlich übersehen, damit die Berechtigung zur Unzufriedenheit im schärfsten Umriss hervortritt und die (negative) Spannung gesteigert wird.

Das Thema der Benachteiligung der Frau ist dafür ein rechtes Standardbeispiel. Hier wie überall ist eine objektive Veranlassung zum Anlegen einer Brutkultur der Unzufriedenheit vorhanden. Vergleicht man ihr Leben mit dem des Mannes, so kann die Frau in einen tiefen Zwiespalt geraten: Entschließt sie sich nämlich (was ja heute in ihr Belieben gestellt ist), Kinder zu bekommen, so ist sie (ob man das nun leugnet oder nicht) durch dieses Faktum viel mehr gebunden als er – im Grunde über Jahrzehnte. Vieles, was sie vorher gelernt und begonnen hat, wird praktisch abgeschnitten, ist auf lange Zeit blockiert, kann nicht weiterentwickelt werden, während er, nur weil er ein Mann ist, ungestört seine Ziele verfolgen kann. Eine Reihe von Maßnahmen, die heute neu geschaffen worden sind, haben die

Absicht, dem Mann dies zu erschweren, weil der wütende Neid nicht will, dass er es anders (und besser!) haben soll als die benachteiligte Frau. Diese neumodische Behinderung des Mannes aber erzeugt viel neue Spannung, auch neue Aggressivität, besonders dann, wenn die Frau im Ehealltag auf einer Gleichheit der Pflichten besteht. Auf diese Weise entwickelt sich z. Zt. viel neues wütendes Gegeneinander, so dass sich daraus eine schreckliche Zunahme der Ehescheidungen ergeben hat. Dass also dieses neue Problem (denn in der bäuerlichen Gesellschaft z. B. verdiente man sich seinen Lebensunterhalt immer in gemeinsamer Anstrengung im hausnahen Umfeld) im Allgemeinen in eine so gefährlich negative, unglücklich machende Richtung läuft, liegt auch hier daran, dass das Problem nicht als solches behandelt, sondern dass es durch gegenseitiges Vergleichen zu einem Konkurrenzproblem gemacht wird.

So ist es zwar für die Frau ein Nachteil im Hinblick auf das Fortkommen im beruflichen Bereich, wenn sie den Entschluss fasst, eine Familie zu gründen, zweifellos ein größerer Verzicht als für den Mann; aber sie hat dadurch andererseits auch große Vorteile: Kinder binden sich z. B. ganz ohne Frage am meisten an die Personen, die sich besonders viel um sie kümmern und sich am meisten mit ihnen beschäftigen. Der liebende Einsatz der Frau bewirkt also Liebe, macht sie in dem Sinne reich, den wir in diesen Briefen schon mehrmals entdeckt haben. Es gehört viel Einflüsterung zur Unzufriedenheit dazu, den Frauen dieses Empfinden der jungen Mütter auszutreiben. Oft sieht man es ihren Gesichtern an, sie werden geliebt, weil sie lieben – und das macht glücklich.

Macht der harte Berufsalltag genauso glücklich? Das ist doch eine große Frage! Aber wir wollen hier nicht in den angeprangerten Fehler verfallen, ein vergleichendes Übertrumpfen anzustellen. Ich kann in diesem Brief, liebe Christine, auch nicht so ausführlich werden, wie es nötig wäre, um die falsche Ausrichtung wieder zurecht zu rücken; ich möchte schließlich nur erreichen, dass ihr als junge Menschen euch von schädlichen Denkrichtungen nicht vereinnahmen lasst und dadurch unglücklich werdet. Meine Briefe wollen euch in die Lage versetzen, die Teufelsklauen ausfindig zu machen.

Im Grunde liegen diese auch hier im Überschreiten der (ohnehin weitgesteckten) Grenzen unserer Freiheit, im Verweigern von Grundgegebenheiten. Ihr seid Angehörige der weißen Rasse, ihr seid Deutsche, ihr seid Zeitgenossen des 20. Jahrhunderts und – so hoffen wir von Herzen – auch des 21. Jahrhunderts, ihr seid ein Mann und eine Frau. Das lässt sich vertuschen, verdrängen, überspielen, aber ihr bleibt es. Es steht nicht zur Debatte, ob das gut oder schlecht ist, es ist denkbar, es wäre anders, und es ist denkbar, ihr wäret in einem anderen Lebensraum, in einer anderen Zeit, in einem anderen Geschlecht glücklicher. Aber solche Fantasien sind müßig: Ihr seid nun einmal an diesem Platz, in dieses Jahrhundert gestellt und mit diesem Geschlecht in das Leben gesetzt. Biblisch ist uns übrigens auch verbrieft, dass – falls uns daraus echte, unbeeinflussbare, unverschuldete Nachteile entstehen – Gott sie in der Ewigkeit ausgleicht. Wir sollten das, ohne uns vom Stachel des Neides aufputschen zu lassen, in Ruhe abwarten.

Bei dem Problem Mann und Frau ist darüber hinaus (wie bei vielen anderen derartigen Schwierigkeiten auch) meist an vielen Einzelheiten erkennbar, dass die Vorteile die Nachteile aufwiegen. So lässt sich z. B. die vermeintliche Benachteiligung des modernen Mädchens vor den Jungen in Nichts auflösen, wenn man nur ein wenig objektiver hinschaut und die Neidbrille abtut. Kleine Mädchen z. B. haben statistisch viel weniger Unfälle (weil sie nicht durch Erziehung, sondern von Natur im Allgemeinen ruhiger sind als die Jungs). Findest du wirklich, Christine, dass es ein Vorteil wäre, einem Geschlecht anzugehören, das so viele Beulen (und oft Schlimmeres) davontragen muss, obgleich die Jungs (auch das ist wissenschaftlich nachgeprüft) schmerzempfindlicher sind als die Mädchen?

Darüber hinaus: Jungs tun sich in den ersten sechs Schuljahren sehr viel schwerer. Sie sind nämlich unruhiger als die Mädchen, das stundenlange Sitzen in den Schulbänken liegt ihnen weniger als dem anderen Geschlecht. Deswegen ist ihre Konzentrationsmöglichkeit zunächst (zunächst nur –, Christian!) geringer. Aber was ist das für eine gravierende Beschwernis! Schon im Kindergarten werden im Allgemeinen die Verhaltensweisen der Mädchen von den Erziehenden mehr unterstützt, und in der Schule prägt sich diese Benachteiligung der Knaben noch stärker aus. (Das zeigt sich auch darin, dass die Kindertherapeuten fünfundachtzig Prozent Jungen und nur fünfzehn Prozent Mädchen in ihrer Statistik haben.) Sie haben es also in der Kindheit schwerer als die Mädchen, das ist ohne Zweifel so, wird aber kaum irgendwo einmal angeführt.

(Ich habe, lieber Christian, natürlich eine Menge Tröstungen für dich parat: Dass Training im Leiden keine schlechte Sache ist, habe ich schon mehrere Male in diesen Briefen verdeutlicht; aber darüber hinaus wird die ausgleichende Gerechtigkeit auch bereits dadurch hergestellt, dass sich bei euch das Interesse für den Schulstoff ab sechzehn meist – wenn auch nicht immer – steigert, während es sich bei den Mädchen um dieses Alter herum zu mindern pflegt. Und was der Vorteile (wenn man sie so nennen will) mehr sind: Ihr Jungen kriegt einen dickeren Schädel, einen breiteren Brustkorb, eine viel durchdringendere Stimme, und es entwickelt sich interessanterweise bei Jungs eine größere Begabung, nach rückwärts einzuparken, was ihr beide im übernächsten Jahr beim Autofahrenlernen vergleichend beobachten könnt.)

Also mit und ohne solche Scherze, Trümpfe der Geschlechtsvorteile gegeneinander auszuspielen: Es lohnt sich, in jedem Fall, sich in seinem So-Sein als Mann und Frau anzunehmen. Das fällt noch leichter, wenn man den Sinn des Prinzips erkennt, der hinter all den vielfältigen Unterschieden der Begabungen sichtbar wird, nämlich das Prinzip des Aufeinander-angewiesen-Seins im wahrsten Sinne des Wortes. Wir sollen uns nicht gegenseitig ausstechen (auch nicht als Rasse, als Nation, als Klasse oder als was auch immer), wir sollen einander ergänzen, um ganz werden zu können, weil wir das alleine kaum schaffen! Mann und Frau in ihrer großen, anlagebedingten Unterschiedlichkeit (die ist wissenschaftlich geprüft!) haben gewissermaßen einen exemplarischen Auftrag: Sie sollen sich zusammenfügen, weil nur aus der konstruktiven Gemeinsamkeit Neues werden kann, weil sie miteinander ihren Lebensauftrag erfüllen sollen, während das konkurrierende Gegeneinander verstört und zerstört.

Siehst du, Christine, und dies ist der langen Vorrede eigentlicher Sinn meines Briefes: Dich davor zu bewahren, dass dir durch modische Einflüsterung der Blick getrübt und die Freude an dieser großen, schönen Aufgabe, Frau zu sein, verstellt wird. Glücklicherweise bist du dank einer bewussten Abschirmung deiner Eltern eine wache, mädchenhafte junge Frau geworden, und die Jungen schauen dir schon ganz schön nach (du übrigens auch den Jungen, habe ich neulich auf unserer Schiffsreise festgestellt). Das alles ist so verständlich und natürlich. Es gehört zu den vorbereitenden Schritten der Partnersuche, gehört in das große Abenteuer des Liebens mit hinein. Die Wahrscheinlichkeit, dass es eines Tages zum herzsprengenden Glück wird, ist um so größer, je mehr du dir klar machst, dass du durch deine Art zu sein dem Mann, der deiner würdig ist, etwas zu geben hast, etwas, das er deshalb mit so viel Sehnsucht begehrt, weil er es braucht, weil er davon weniger hat. Und das ist das, was man eben unter dem Begriff des »Weiblichen« zusammenzufassen pflegt, von dem Goethe gesagt hat, dass es »hinanzieht«.

Zunächst hat dies wohl etwas mit einer größeren Hellhörigkeit (die schon bei neugeborenen Mädchen größer ist als bei Jungen) zu tun, mit diesem sensiblen Gespür für das, was vor sich geht. Wer hinhorcht, merkt viel, wer viel aufmerkt, beobachtet viel, lernt vieles zu beachten und deshalb zu achten, lernt die Eindrücke zu unterscheiden. Wer unterscheiden kann, kann das Wertvolle besser vom Wertlosen trennen. Die Frau sieht die Dinge auch im Allgemeinen mehr mit dem Herzen an. Sie schmiegt sich mehr ein (jede junge Mutter, die zweigeschlechtliche Kinder hat, kann dies bestätigen). Sie bringt eine Begabung zum Einfühlen und deshalb auch zum Mitleiden mit. Das sind sehr wertvolle Gaben; denn mit diesen verfügt sie über jene Eigenschaften, aus denen der eigentliche Fortschritt entstehen kann: Durch das Hinauswachsen aus dem Naturhaft-Egoistischen dem liebevoll-erbarmungsbereiten Menschlichen mehr und mehr den Vorrang zu geben; das Primitive, Niedere zugunsten des Edlen, Höheren zu überwinden. Deshalb heißt es bei Goethe im Tasso so schön: »Willst du genau erfahren, was sich ziemt, so frage nur bei edlen Frauen an.«

Damit du nicht meinst, ich wolle dich, Christine, hochmütig machen oder ich besäße einen »feministischen Nagel«, sei in Klammern gleich hinzugefügt, dass sich aus dem Wissen um diese Vorzüge keineswegs die Vorstellung ableiten lässt, Frauen seien besser als Männer. Oh nein, gleichzeitig haben wir Frauen auch bedauerliche Mängel. Wir können unsere Eigenschaften auch falsch einsetzen: Die größere Hellhörigkeit kann auch zur Hellhörigkeit gegen die Einflüsterungen des Bösen werden (wir sind nämlich durch diese Eigenschaften grundsätzlich leichter beeinflussbar). Die leichtere Zunge (die die Mutter braucht, damit die Kinder sprechen lernen) kann zur losen Zunge werden, die Klatsch und Tratsch verbreitet. Unsere Eitelkeit kann zur Putzsucht entarten und unser Pflegetrieb zur maßlosen materiellen Verwöhnung oder zum aufdrängenden Vereinnahmen. Keine Tür des Bösen ist uns Frauen verschlossen – besonders nicht die zur üblen Nachrede und zur listigen Intrige. Dennoch sind unsere Grundbegabungen eben eine ganz besonders wertvolle Mitgift, die wirklich absolut unentbehrlich ist, wenn es mit der Schöpfung im Sinne unseres Schöpfers weitergehen soll – und anderen Sinnes gibt es auf die Dauer überhaupt kein Weitergehen.

Liebe Christine, ich schreibe diesen Brief nicht von ungefähr zu deinem sechzehnten Geburtstag. Ich bin davon überzeugt, dass es sehr wichtig ist, dass die modernen jungen Mädchen ihren Auftrag bewusst annehmen. Denn sieh, Begabungen müssen gepflegt werden! Sonst verkümmern sie. Der Mensch ist auch in diesem Bereich aufs Üben angewiesen. Bestimmt verkümmern diese Gaben, wenn man sich die Parole zu eigen macht, dass Mann sein besser sei. Dann kommt man sehr bald ohne viel Nachdenken dazu, sich ihm anzugleichen – erst äußerlich und allmählich auch innerlich.

Nun – auch der Mann ist liebesfähig, auch der Mann kann das entwickeln und üben, was bei ihm im Allgemeinen nicht so im Vordergrund der Begabungen steht. (Deshalb braucht er die Frau aber auch so nötig, dass er sich mitunter sozusagen beide Beine ausreißt, um sie zu finden und zu gewinnen.) Aber dieses Bedürfnis wird geringer, wenn die junge Frau ihre für den Mann so erstrebenswerten Eigenschaften nicht mehr lebt, weil sie sie nicht gepflegt hat und sie deshalb verkümmert sind. Und sie hat sie nicht gepflegt, weil sie deren Wert nicht klar genug erkannt hatte, weil sie ihre Bemühungen anders gewichtete. Du, Christine, hast in dieser Hinsicht bisher enorm viel Glück gehabt. Aber das liegt sicher daran, dass deine Eltern sich viel Mühe gegeben haben, dich gegen die Rasenmähermethoden unseres Bildungssystems, die Jungen und Mädchen auf Gleichheit zu stutzen suchen, durch schöne Freizeitformen immun machten. Du hast nun deine Flöte, die wirklich eine Zauberflöte ist – so schön spielst du sie. Und über dem Flöten hast du das Hören und Sehen mit dem Herzen nicht verlernt, sondern geübt und verfeinert. Natürlich ist das nur *eine* Weise als Einstieg, es gibt unendlich viele andere; sie bedürfen auch nicht immer des Geldbeutels von Eltern, die Flöte und Flötenstunden bezahlen, sondern vor allem des Wissens um den Wert des Einübens im Fühlen, im Tragen, im Wägen, im Wärmen und Zärtlichsein.

Furchtbar werden wir allesamt, Männer, Frauen und Kinder, in den »Nachteil« geraten, wenn wir den Vorrang dieser Eigenschaften nicht mehr erkennen. Fühle dich also nicht als Frau benachteiligt, liebe Christine, und meine auch nicht, dass du der Verkümmerung preisgegeben bist, wenn du dich entscheidest, aus Liebe zu einem Mann deine berufliche Laufbahn aufzugeben und aus Liebe zu deinen Kindern auf eine Karriere zu verzichten. Alles, was der Mensch aus Liebe tut, hat in sich höchsten Wert und ewig bei Gott seinen Lohn. Selbst dann wird es nicht wertlos, wenn die Geliebten sich vielleicht des Einsatzes nicht würdig erweisen. Im Allgemeinen zahlen sich Liebe und durchhaltende Treue aus. Sie werden zur – wenn auch erst langsam reifenden – guten Frucht, wenn man sie nicht zu ungeduldig einfordert.

Falls du deinen Leistungssport eines Tages aufgibst, liebe Christine, weil du ein Kind bekommst und du damit aus der Konkurrenz ausscheidest, so ist das bestimmt schmerzlich und ein Hindernis, dem kein Mann unterliegt, und doch bedeutet das eine Weichenstellung hinein in eine Bahn, in der es unendlich Wertvolles zu leisten gibt.

Ich bin mir natürlich klar, dass mit diesem Brief an euch nicht alle Probleme der sogenannten »Frauenfrage« besprochen worden sind, das hatte ich aber damit auch gar nicht vor. Es ist zwar notwendig, an der Lösung dieses echten Problems der modernen Frauen zu arbeiten, wie ich es zur Zeit tue, um durch konstruktive Vorschläge mitzuhelfen, dass es den modernen Frauen nicht so übermäßig schwer wird, den Weg der Familienbildung überhaupt noch einzuschlagen – hier wollte ich dich aber vor allem wegholen von einer schädlichen Denkrichtung, die sich zur Zeit so gefährlich breit gemacht hat; denn die Unzufriedenheit nicht nur nicht zu züchten, sondern schon ihr Aufkeimen zu verhindern, ist grundsätzlich keine leichte und dennoch eine außerordentlich notwendige Aufgabe. Sie ist wie einer der Affenbrotbäume im »Kleinen Prinzen« von St. Exupéry: Immer sind sie in der Gefahr zu wuchern, es muss täglich im Seelengarten gejätet werden.

Viele junge Menschen heute vergällen sich damit das Leben, dass sie mit irgendetwas nicht zufrieden sind, besonders die Mädchen mit der äußeren Gestalt, die in diesen Jahren ihre bleibende Form erhält. Sie können sich nicht mit zu kurzen, zu langen, zu dicken Beinen abfinden oder mit ihrer zu großen, zu kleinen oder zu ungleichen Brust. Sie empfinden ihr Gesicht als zu breit, ihre Haare als zu strähnig oder was auch immer, obgleich es gar keine eigentliche Organminderung ist! Diejenigen, die damit wirklich belastet sind (etwa die von Geburt an Behinderten), pflegen ihre Mängel mit viel größerer Tapferkeit und Gelassenheit zu tragen. Es ist so wichtig, diese Gedankenrichtung als gefährlich und zerstörerisch zu erkennen und sich nicht von ihr einfangen zu lassen. Hinter dieser Vorstellung steht der ungute Ehrgeiz, vollkommen sein zu wollen, obgleich doch alle Menschen mit Mängeln behaftet sind. Wir werden *mit* diesen geliebt und hochgeachtet, das ist das entscheidende gedankliche Gegengift gegen eine solche Züchtung von Minderwertigkeitsgefühlen.

Auch im Leistungsbereich gibt es ähnliche Probleme, vor allem, wenn man hinter den eigenen hochgestellten Erwartungen und Forderungen an sich selbst zurückbleibt; wenn der Erfolg nicht so ist, wie man ihn erwartet (und zwar eine Superleistung, die – das gehört heimlich und unbewusst dazu – die anderen in den Schatten stellt). Auch das hat immer etwas damit zu tun, dass man sich nicht getrost annimmt, wie man ist, sondern sich (im Grunde aus Eifersucht) überfordert. Es lohnt sich, diesen überhöhten Anspruch an sich selbst als einen Irrweg zu erkennen. Vollkommenheit ist durch Selbstüberhöhung grundsätzlich nicht zu erreichen (wie stattdessen, das möchte ich mit euch als neues Thema später einmal besprechen).

Auf dieser Verweigerung einer sich bescheidenden Selbstannahme beruht auch die von vielen jungen Menschen gefürchtete Kontaktnot, über die du, Christian – zu meinem Erstaunen – bei deinem letzten Besuch klagtest. Sie ist nämlich bei dir – wie bei vielen jungen Menschen – eine künstlich herbeigedachte Schwierigkeit. Man misst sich nämlich unbewusst an einer unerwünschten Norm: Man will in Gesellschaft genauso viele kluge Reden führen (und dafür Anerkennung einheimsen) wie Vetter Philipp mit seiner raschen Zunge; aber je mehr man sich das vornimmt, je mehr man es zu erzwingen sucht, umso weniger gelingt es; denn wer sich selbst das Sprechen abzutrotzen sucht, handelt sich eine Sprechblockade ein. Falscher Weg also, weil falsche Einstellung! Es ist unsinnig, so sein zu wollen wie Philipp, mag der noch so glänzen! Du bist Christian, und das ist grundsätzlich etwas anderes, Unvergleichliches, Eigenwertiges, weil Einzigartiges, selbst wenn du eine schwere Zunge hast. Die zu haben, hat übrigens einen großen Vorteil: Zu einem Schwätzer wird man sich kaum hochstilisieren können. Und bedenke bitte auch, Christian, »Stille Wasser sind tief« und »Reden ist Silber, Schweigen ist Gold«!

Ich möchte euch durch diesen Brief aber vor allem zeigen, dass es darauf ankommt, ja zu sagen zu dem, was Gott uns mit unserer Gestalt, unseren Schwächen, unserem Charakter, unserer Eigenart zugemessen hat. Erst da fängt das echte Frommsein an! Jeder von uns darf er selbst sein, weil er in seiner einmaligen Art vom Schöpfer auch in einmaliger Weise geliebt wird. Das ist das entscheidende

Grundrezept, um sich selbst anzunehmen und sich selbst treu zu bleiben.

Von Herzen wünsche ich euch ein fröhliches Feiern im Kreis eurer Freunde.

Eure Patin

**Vom Umgang mit Sexualität,
Lieben-lernen**

Lieber Christian, liebe Christine!

Wieder naht euer Geburtstag und gibt mir Gelegenheit zur Dankbarkeit, zum Staunen. Wie erwachsen seid ihr im Handumdrehen geworden. Ich freue mich daran! Für eure Eltern und auch für mich bedeutet das auch eine gewisse Entlastung. Es ist jetzt nicht mehr nötig, wie bei Kindern fortgesetzt um euch besorgt sein, um euer Leben zu beschützen. Ihr wisst nun schon selbst, wo die bedrohlichen Gefahren sitzen, und ihr habt euch in den letzten Jahren auch nie für zu vornehm gehalten, euch von uns über die besonderen Gefahren unterrichten zu lassen, die es, raffiniert versteckt, gibt und die in der Lage sind, euch zu verderben. Von den »Heldentaten« eines möglichst umfänglichen Zigaretten-, Alkohol oder Disko-Konsums habt ihr euch fern gehalten, stattdessen die kostbare, unwiederbringliche Zeit eurer Jahre zum seelischen und geistigen Wachsen genutzt. Wie schön! Ich gratuliere euch; bin stolz auf euch; denn es ist mir bewusst, dass euch das unter den Gleichaltrigen manche Verhöhnung eingebracht hat und dass viel Tapferkeit dazu nötig ist, diesen so zur modischen Pose gehörenden Versuchungen zu widerstehen.

Zu den Bereichen, in denen unsere Zeit jungen Menschen verantwortungslos leichtfertig und ohne zusätzliche

Warnung eine unrealistische Einstellung aufnötigt, gehört vor allem auch die Sexualität. Ich habe mir deshalb vorgenommen, Fragen um den Geschlechtstrieb zum Gegenstand dieses Briefes zu machen. Nicht, dass ihr fürchten müsstet, dass jetzt auch noch eure Patin daherkommt, um euch auf diesem Sektor aufzuklären. Mir ist bewusst, dass es hier kaum ein Detail gibt, über das man euch nicht bereits informiert hat. Man redet schließlich heutzutage ganz öffentlich über Sex, fast noch mehr als über das Auto und über den Sport. Eure Eltern haben euch ohne Prüderie erzogen, die Schule, die Medien – alle haben euch mit Aufklärungsstoff geradezu überschüttet, und das alles hat – trotz mancher auch bedenklichen Entzauberung – schließlich den Vorteil, dass euch das ganze nicht unheimlich ist; dass ihr weder überneugierig noch überängstlich seid: Ihr wisst – theoretisch – Bescheid. Und doch fehlt etwas; denn unser Zeitgeist macht auf diesem Gebiet den gleichen Fehler wie bei den Genussgiften: Man tut nämlich so, als sei es für junge Menschen ausreichend, diese Dinge »wahlfrei« wie in einem Selbstbedienungsladen vor euch auszubreiten und mit freundlich auffordernder Miene dazu zu sagen: »Schaut, dies alles könnt ihr haben, bedient euch, zögert nicht, probiert aus, was euch schmeckt.«

Diese Haltung ist im Hinblick auf das Nikotin, das Rauschgift, die Aufputschmittel und die beruhigenden Medikamente ebenso unverantwortlich wie im Hinblick auf all die verschiedenen Weisen des Umgangs mit dem Geschlechtstrieb. Diese Selbstbedienungsmentalität gründet abermals auf einer Selbstüberschätzung der Willenskraft des Menschen. Aber die ist im Vergleich zur Gewalt der Mächte ein lächerlicher Liliput! Unser Zeitgeist hat einfach ein falsches Menschenbild, und zwar ein überhebliches.

Nun, damit mögen sich Erwachsene herumschlagen – aber den Jugendlichen diese Dummheit als Neuheit aufzunötigen, das ist geradezu gemein. Freilich hat das Anprangern allein wenig Sinn. Auch hierbei handeln die meisten, ohne zu wissen, was sie tun. Trotz der hochschnellenden Statistiken über die negativen Folgen erkennen die Propagierer immer noch nicht, dass es sehr generell die Gefahr gibt, in den Sog der Überreizung desjenigen Triebes zu geraten, den man einseitig anregt. Die Zigarette z. B. stimuliert den Saugtrieb, die urtümlichste Form unseres wichtigsten und größten Triebes: des Nahrungstriebes. Mit diesem kommt jeder von uns schon auf die Welt. Er ist ebenso elementar wie mächtig und wird das umso mehr, je mehr man ihn durch das Nikotin mit einer anregenden Wirkung versieht und an den Saugtrieb koppelt. Die Lust nach mehr tritt rasch ein. Je mehr der Körper sich gewöhnt, umso stärker wird das Bedürfnis nach noch mehr Konsum und desto schwerer die Möglichkeit, sich z. B. das Rauchen wieder abzugewöhnen.

Diese Schwierigkeit tritt immer ein, wenn man sich mit einem unserer elementarsten Triebe isoliert einlässt, d. h. wenn man sie aus ihrem Sinnzusammenhang löst. Ganz genauso ist das bei der Sexualität. Sie ist schließlich nichts weniger als Gottes Garant zur Fortentwicklung des Lebens, und dass sie ihm unendlich wichtig ist, wird an dem riesengroßen sexuellen Kräftepotential in der Natur ersichtlich. Bei allen Lebewesen wird hier per Überschuss gearbeitet, werden endlos füllige Reserven parat gestellt: Hauptsache, es geht weiter, Hauptsache, es geht höher hinauf!

Dem jungen Mann wird mit der Geschlechtsreife gewissermaßen über Nacht die optimale Potenz zur Verfügung gestellt. (Die lebenslängliche Potenz eines einzelnen

Mannes ist so groß, dass er allein die gesamte Menschheit erzeugen könnte!) Dies bewirkt ganz ohne Zweifel Spannung und innere Unruhe. Unsere Selbstbedienungsladenmentalität bietet der Jugend nun zwei Entlastungsweisen mit besonders warmer Empfehlung an: Selbstbefriedigung und Geschlechtsverkehr ab der Geschlechtsreife. Aber das sind schlechte Ratschläge. Die Selbstbefriedigung gehört in die Kategorie der isolierten Anreizung eines Urtriebes mit der Gefahr auch hier: in eine Sucht zu geraten. Sucht aber bedeutet grundsätzlich nicht Freiheit, Entspannung, sondern Gefangenschaft, Züchtung von chronischer Überspannung. Sie fesselt die Gedanken, sie vereinnahmt die Lebenskraft, sie grenzt den Spielraum für andere Tätigkeiten ein. Sie führt, wenn man das erfahren hat, in den Kampf gegen das sich so vordrängende Bedürfnis, und durch das Erlebnis, immer wieder dabei zu unterliegen, kommt es schließlich zu einer Einbuße des Selbstwertgefühls. Diese Teufelskreise machen die Menschen fertig. Es ist besser, mit dem Rauchen gar nicht erst anzufangen. Es ist besser, die Selbstbefriedigung gar nicht erst einzubahnen. Das Maß nicht einhalten zu können, ist das entscheidende Risiko. Die Betätigung des Triebes an sich ist genauso ungefährlich wie der Genuss von ein bis zwei Zigaretten und einem Maß Bier pro Tag. Aber wer weiß, wenn er sich darauf einlässt, ob er dieses Maß wirklich einhalten kann? Jedenfalls ist der, der das schafft, ein echter Herkules.

Die zweite Empfehlung ist die, mit Gleichaltrigen Geschlechtsverkehr zu haben. Dabei wird selten bedacht, dass auch dieser Umgang mit dem Geschlechtstrieb ihn aus dem Zusammenhang mit seinem eigentlichen Ziel, der Fortpflanzung, herausreißt. Das ist hier nur möglich durch eine Vielfalt von künstlichen Eingriffen; denn dass das eigentliche Ziel eintritt, nämlich die Entstehung eines Kindes, muss in diesem Fall selbstverständlich unbedingt verhindert werden! Da kommen sie dann mit weiteren Angeboten aus ihrem Selbstbedienungsladen zum Lebensgenuss: dem Koffer mit Empfehlungen zur Verhütung einer Schwangerschaft. Die Pille (mit Ausnahme einer, die ausdrücklich verboten ist) und die Spirale dürfen von jedem Frauenarzt jedem Mädchen ab vierzehn verschrieben bzw. eingesetzt werden. Okay, von jetzt ab sind die Mädchen gewissermaßen jederzeit benutzbar. Dass das geht, dass sie das tun, empfinden viele Mädchen mitläuferisch als emanzipiert, als besonders eigenständig, als besonders erwachsen. Gerade das aber ist es nicht! Es ist genau umgekehrt: Das junge Mädchen wird herabgewürdigt zu einem Nutzobjekt für einen Trieb und schädigt dabei in ungezählten Fällen ihren Körper, oft ohne spätere Heilungsmöglichkeiten! Die Spirale bewirkt nämlich in hohen Prozentsätzen Gebärmutterentzündungen, die spätere Schwangerschaften ausschließen können, sie erhöhen außerdem das Risiko späterer Bauchhöhlenschwangerschaften – und das kann lebensgefährlich werden! Mit welchen Verhütungsmitteln auch immer: Erheblich hat der Gebärmutterhalskrebs bei den Fünfzehn- bis Fünfundzwanzigjährigen zugenommen, und zwar nur bei denen mit vielem und häufigem Geschlechtsverkehr im Jugendalter. Lapidar schreibt der berichtende Facharzt: Die Krebsrate bei Frauen, deren erster Geschlechtsverkehr zwischen dem fünfzehnten und siebzehnten Lebensjahr lag, ist doppelt so hoch wie bei Frauen, die ihr Geschlechtsleben jenseits des zwanzigsten Lebensjahres begannen.

An diesen Erkrankungen wird also ebenfalls sichtbar, dass Grenzen überschritten wurden, dass Missbrauch geschah. Unbekömmlichkeit ist allgemein ein Zeichen von Missbrauch. Was guter Brauch ist und was böser Missbrauch, lässt sich generell am Kriterium der Unbekömmlichkeit ablesen.

Viele junge Menschen sagen an dieser Stelle zu mir: Da habe sich niemand von den Erwachsenen einzumischen, das sei ihr Problem, es handele sich schließlich um ihren Körper, und mit dem könnten sie machen, was ihnen passt. Aber das ist nicht wahr! Selbst wenn man die Tatsache verleugnet, dass dieser Körper uns Menschen von Gott geliehen ist, um unseren Dienst hier tun zu können, selbst wenn man eine solche Einstellung ablehnt, lässt es sich nicht leugnen, dass durch das Krankwerden des Leibes z. B. viele medizinische Leistungen nötig werden, damit das Leiden geheilt werden kann. Es ist unverantwortlich und hat mit Erwachsensein nichts zu tun, wenn junge Menschen ihren Leib so schlecht behandeln, dass sie zwischen dreißig und vierzig Jahren zu Frührentnern werden. Sie schädigen auf diese Weise durch eigene Schuld die Gemeinschaft, in der sie leben.

Mich wundert auch immer, dass die Mädchen noch nicht dahinter gekommen sind, dass sie sich mit den künstlichen Eingriffen in ihren Körper (wie Pille und Spirale sie nun einmal darstellen) für dumm verkaufen lassen, ja, dass sie sich damit entwürdigen, wenn sie sich zum Nutzobjekt machen lassen. Sie setzen damit ihr Menschsein herab, ja sie lassen ihre eigene Natur, ihre eigene Seele schädigen. Wie ist das unlogisch: gegen das Sterben der Wälder zu kämpfen, die Kröten von der Landstraße zu sammeln und sich dann im Zeltlager danach von gleich mehreren Naturschützern beschlafen zu lassen, wie es mir kürzlich eine Siebzehnjährige erzählte. Dabei hatte das Mädchen noch nicht einmal irgendwelche Vorsorge getroffen (denn sie wollte ja mit ihren Freunden »natürlich« leben) und wurde prompt schwanger. Aber auch das war für die Naturschützer kein Problem, das ihren Zielen entgegengerichtet ist: Da wurde rasch ausgekratzt und damit basta. Was für ein Widerspruch: Krötenschutz als »heilige Handlung«, Kindestötung als Selbstverständlichkeit! Und wer denkt überhaupt noch darüber nach, dass laut gynäkologischer Statistik bei zehn Prozent der abtreibenden Frauen sofort schwere Komplikationen, bei dreißig Prozent Spätschäden auftreten, die die Frauen für ihre Leichtgläubigkeit und Leichtfertigkeit so bitter büßen lassen!

Also doch Aufklärung, werdet ihr nun vielleicht denken. In gewisser Weise ja; aber eben genau jene, die im Selbstbedienungsladen des öffentlichen Angebots so gut wie gar nicht vorkommt, über die man meist da, wo man auch über Sexualität im Jugendalter spricht, hinweghuscht. Aber das ist doch einfach unfair! Auf jeder Schachtel eines Medikaments hat heute per Gesetz zu stehen, was es für Nebenwirkungen hat; jeder Operateur hat euch mögliche Folgen seiner Operation mitzuteilen; aber auf dem Sektor Sexualität werden die Statistiken der Fachleute unterdrückt und heruntergespielt. Und warum? Um euch über die Wahrheit zu täuschen, um die Mädchen für den Geschlechtstrieb des Mannes gefügig zu machen und ihnen einzureden, nur dann seien sie up to date.

Jetzt wirst du, Christian, sicher die kritische Frage stellen, ob ich vielleicht doch aus einer prüden Sicht heraus so spreche oder wenn nicht, ob ich vielleicht einfach nur als Erwachsene auf die schöne, unbeschwerte, der Liebe lebende Jugend neidisch sei; und Christine wird wissen wollen, ob ich denn hier nun plötzlich auf diesem einen Sektor vor der Liebe warne, wo sie doch sonst für mich das A und O sei, Anfang und Ende, Weg, Sinn und Ziel des Lebens.

Ich will mir Mühe geben, euch plausibel zu machen, dass hier kein Widerspruch besteht. Ganz gewiss wünsche ich euch, dass ihr den Lebenspartner findet, den ihr mit der ganzen Kraft eures Herzens liebt, an den ihr euch verströmt, den ihr ergänzt und der euch ergänzt! Wie berechtigt ist eure Sehnsucht danach! Ich wünsche euch dieses Glück ganz besonders innig, weil ich es selbst so erfahren habe. Aber es ist eben bereits unzulässig, dieses Lieben einfach mit Sexualität gleichzusetzen. Ja gewiss, sie krönt den Bund, sie ist in der Tat ein grandioser Einfall unseres Gottes, um (samt dem Willen zum Kind) die Hingabe füreinander und die Totalität der Zuneigung als wirkliche Entäußerung an den anderen zu vollziehen. Aber die Sexualität aus diesem Zusammenhang zu reißen, sie zu einer Technik zu machen, die man vor der Ehe einübt, das ist geradezu eine Art Sakrileg, die Entheiligung eines von den höchsten Gefühlen begleiteten Vorgangs. Statt einer Bereicherung bedeutet das eine gefährliche Verarmung, nämlich Gefühlsminderung und damit Glücksverlust.

Ich kann mir denken, was Christine jetzt einwendet, merkte ich doch bereits Ostern an den vielen Anrufen von Tobi und seinen täglichen Briefen, dass da bei ihr und ihrem Freund schon eine ganze Menge gärt – du wirst also sagen, Christine: »Aber ich will doch von Tobi nicht irgendwelche Sextechnik lernen. Nein, ich liebe ihn und er mich auch. Und wenn wir miteinander schmusen, dann spüren wir doch, dass wir mehr, dass wir uns wirklich ganz wollen. Das ist doch auch jetzt schon ein ganz großes Gefühl, und vielleicht heiraten Tobi und ich ja später auch – ich kann mir

z. Zt. wirklich gar nichts anderes vorstellen. Ich finde ihn toll.«

Wie gesund, wie natürlich ist solches Fühlen und Denken! Und doch möchte ich dir – zu allen Einwendungen, die hier bereits gemacht sind – noch etwas anderes zu erwägen geben: Lass uns miteinander einmal über die Vorteile der Geduld und die Nachteile der Ungeduld nachdenken. Sie sind allgemein und sind nicht nur auf unser diesjähriges Thema beschränkt.

Worin unterscheiden sich Geduld und Ungeduld? Die erste erschwert das Leben, die zweite erleichtert es zunächst. Schon deswegen scheint mir die erste, die Geduld, wertvoller zu sein als die zweite, die Ungeduld. Denn bei allen echten Werten haben wir das als eine Grundeigenschaft herausgefunden: Sie haben eine Anstrengung des Sich-Überwindens zur Voraussetzung, die sich auf die Dauer aber als gut und richtig erweist. Sich der Ungeduld zu verschreiben heißt, sofort Befriedigung in Anspruch nehmen. Kleine Kinder brauchen diese Sofortbefriedigung und erschreien sie sich, weil sie noch zu schwach sind. Gut erziehen heißt deshalb, in kleinen, wohldosierten Schritten Kinder aus dieser Schwäche herauszuführen, die Kraft zur Geduld in ihnen zu entwickeln und das Wartenkönnen allmählich mit ihnen einzuüben.

Warum? Weil im Warten selbst ein sehr großer Wert verborgen liegt, der sonst verloren ginge und dann den Menschen auf einer kindlichen, unmündigen Stufe stecken bleiben ließe. Im Warten steckt zwar ein Spannungszustand, der nicht nur lustvoll, sondern auch mit Unlust gemischt ist, aber doch nicht nur: Es ist auch eine freudige Spannung darin, Vorfreude genannt, ein Sich-Ausmalen, wie die Erfüllung des Wunschtraumes wohl sein würde. Die Span-

nung regt also die Fantasie an, macht aktiv, bringt in Bewegung, schafft Einfälle, ja, treibt sehr allgemein an. Sofortbefriedigung hat hingegen einen großen Nachteil: Sie tö-
tet diese sinnvolle, fruchtbare Spannung. Es entsteht die
Gefahr der Erschlaffung, des Sich-zur-Ruhe-Setzens, ja,
das Nilpferd in uns bläht so richtig seine Nüstern auf, um
uns an das Prinzip Trägheit auszuliefern.

Weil das so ist, sind verwöhnte Kinder im Allgemeinen
durch Faulheit und Trägheit gekennzeichnet. Weil das so
ist, brauchen z. B. junge Männer, die ab achtzehn mit ihren
Mädchen eine Ehe ohne Trauschein beginnen, in der Mehrzahl der Fälle länger, um zum Abschluss ihrer Berufsausbil-
dung zu kommen – wenn sie es überhaupt schaffen! Das
Zusammenleben und Zusammenschlafen ist also ein ver-
ständlicher Wunschtraum; aber einer, der viele Teufelsklauen hat.

Auch in der Völkerkunde ist das bewiesen: Diejenigen
Völker, die das Heiratsalter und die sexuelle Beziehung
ihrer Jugend hinausschieben, die keine Sofortbefriedigung
von der Geschlechtsreife ab erlauben, haben hohe Kulturen
gebildet, weil die Liebessehnsucht die Kraft und die Fantasie beflügelt.

Auch das ist erwiesen: Satte, sittenlose Zeiten bewirken
in den Völkern einen Niedergang ihrer Kunst und ihrer
Kultur; hingegen haben die mönchischen Gelübde Armut,
Keuschheit und Gehorsam vom Mittelalter ab den Grund
zur Entwicklung unserer europäischen Kultur gelegt.

Vielleicht magst du jetzt denken, Christine: Kultur hin,
Kultur her, Tobi spielt Cello, ich Flöte, Kultur haben wir
schon genug, und immerhin haben wir uns bemüht, seit vier
Jahren artige Kinder unserer Eltern und brave Schüler unserer Lehrer zu sein. Das kann doch schließlich ausreichen.

Gut, aber reicht es denn schon zum Heiraten? Dazu gehört doch, dass man auch materiell unabhängig ist und eventuell schon Kinder selbst ernähren kann. Das müsste man selbstverständlich aufschieben, wirst du sagen. Selbstverständlich wie? Da sind wir wieder bei dem Punkt. Diese Ungeduld im sexuellen Bereich fordert einen hohen Preis: die wirkliche, die totale Hingabe findet nicht statt und damit auch nicht das grenzenlose Glück. Das musst du wissen, Christine: dass man sich dabei – statt mehr zu bekommen, wie es uns in unserer Zeit vorgetäuscht wird – um etwas sehr Wesentliches bringt.

Gut, nehmen wir mal an, es ist so, dass der große Gefühlssturm diese Bedenken übertönt. Eins aber ist gewiss: Du bist nun (auch ohne Trauschein) Tobis Frau. Du bist durch dein so tiefes Gefühl mit Haut und Haaren an ihn hingegeben. Du bist nun sein. Er ist auch dein, gewiss. Aber wie lange? Du bist an ihn gebunden, ganz fest, wie vernietet. Du willst immer bei ihm sein. Du denkst wie er, du lebst für ihn, du sorgst für ihn. Aber er ist ja noch ein Schüler, einer, der seine berufliche Ausbildung noch vor sich hat. Du bist immerzu für ihn da. Auch wenn er sexuell »satt« ist, bist du es mit deiner Zärtlichkeit noch lange nicht. Du wirst ihm damit lästig. Gewiss, er mag dich, er liebt dich; ihr schlaft noch immer miteinander; aber irgendwo entsteht da eine Wand.

Sieh, Christine, bei ganz vielen Jungen ist das so. Oft gestehen sie es sich lange nicht ein. Kürzlich begegnete mir eine Siebzehnjährige, die einen merkwürdig schiefen Unterkiefer hatte. Ich fragte sie nach der Ursache, und sie erzählte, dass sie seit zwei Jahren mit ihrem Freund zusammenlebe, und dass er ihr eine solche Ohrfeige gegeben habe, dass ihr Kiefer gebrochen sei. Sie habe trotz der höllischen Schmerzen nicht zum Arzt gehen wollen, weil sie sich geschämt habe. Später habe ein Zahnarzt im Röntgenbild festgestellt, dass der Kiefer gebrochen und schief wieder zusammengewachsen sei. So dramatisch läuft es selten; viel häufiger aber entsteht irgendwann doch ein mächtiger Krach, der die Trennung einleitet.

Vielleicht wirst du jetzt sagen: »Gut, gut, es ist aber doch wichtig, dass man rechtzeitig merkt, was in diesem Knaben für ein brutaler Charakter steckt. Da ist es doch besser, man hat ihn nicht gleich geheiratet.« Nun, Christine, vielleicht ist die Wut gar kein echter Charakterzug dieses jungen Mannes, sondern nur ein Merkmal seiner Überforderung.

Vielleicht wäre er, hätte man gewartet, doch der Richtige gewesen? Nicht wahr, dies möchte ich euch zu bedenken geben. Man kann sich heute durch ein verfrühtes Eheleben überfordern, man kann das Glück auch zerbrechen, wenn man nicht behutsam genug damit umgeht. Es ist doch, laut Sprichwort, wie Glas!

Dass bei dieser Form von Ungeduld jedenfalls viel neues Unglück entsteht, das zeigen die internationalen Statistiken mit den Zahlen über zerschellende Ehen ohne Trauschein in bedenklicher Weise. Gewiss, einige Male an Liebeskummer gelitten zu haben, gehört sicher zu einem normalen Reifungsprozess im Jugendalter, aber eine Ehe zu scheiden – und sie besteht eben mit der sexuellen Beziehung – kann so furchtbar weh tun, dass das Herz sich nicht wieder erholt. Und das möchte ich euch nicht wünschen!

Ich kann mir nun freilich vorstellen, dass bei aller Bereitschaft, uns Erwachsenen nachdenklich zuzuhören, du, Christian, jetzt noch Einwände hättest, etwa so: Schön und gut, deine Warnungen, aber wie soll denn das nun praktisch gehen: schließlich hast du mir mein sagenhaftes Überschuss-potential an Geschlechtskraft so richtig schön zum Bewusst-sein gebracht – wo denn nun hin damit? Und als zweites: Wenn die ganze Sache mit den Mädchen so viele Schwierig-keiten bringt, ist es dann nicht besser, noch lange einen wei-ten Bogen um sie zu machen? Aber das ist für mich über-haupt nicht zu schaffen, ich merke doch: Sie wollen mich, und da soll ich mich ihnen immer wieder entziehen?

Weißt du, Christian, deine erste Frage basiert auf einer Fehlvorstellung, wie der Zeitgeist sie euch eingibt: Wenn die Sexualität des jungen Mannes nicht gelebt wird, dann – um Himmels Willen – staut sie sich, dann wird der Junge aggressiv, dann wird er kriegerisch! Eine Devise derer, die zum Geschlechtsverkehr im Jugendalter auffordern, heißt deswegen sehr verführerisch: Make love – not war (mach Liebe – nicht Krieg). Dieses Motto suggeriert, dass Men-schen, die sich viel sexuell betätigen, dadurch friedfertige und freundliche Lämmer werden würden. Aber das ist ein Ammenmärchen!

Die männliche Sexualität hat – wie fast alle unsere phy-sischen Mechanismen – sehr viel mit Angebot und Nach-frage zu tun. Das heißt, bei geringer Nachfrage wird sparsa-mer produziert, und wenn wirklich einmal ein Übermaß vorhanden ist, so wird das per nächtlichem Überlaufprin-zip reguliert. Da kann man also ganz ohne Sorge sein. Man kann das umso mehr, je mehr sich die Geschlechtskraft ver-wandeln lässt. Die Fachwelt spricht von »Kompensieren« und »Sublimieren«. Das heißt: Wie der Wildbach auf ein Mühlrad geleitet und zum Kornmahlen verwendet werden kann, wie sich Energie in elektrischen Strom verwandeln lässt, genau so lässt sich die Geschlechtskraft z. B. in sport-liche Energie oder in geistig-kreative Energie umsetzen.

Wir sprachen eben bereits darüber – aus solchen Sublimierungsprozessen ist ein Großteil unserer historischen Kultur entstanden.

Als zweites: die Mädchen. Oh nein, man sollte sie gewiss nicht einfach ignorieren! Du hast zwar eine Schwester, an der sich auch einiges über das Wesen von Mädchen lernen lässt; du sitzt jeden Tag mit jeder Menge Klassenkameradinnen zusammen; aber so richtig an sie heran kommt man doch erst im Gespräch unter vier Augen. Das Sicheinander-Annähern, ohne sich fest zu binden, hat übrigens einen ganz besonderen Reiz, der nur dieser Phase zugeeignet ist. Ich möchte euch raten, ihn so lange wie möglich zu genießen: den Flirt mit einer einfallsreichen Koketterie. Er trägt noch den Akzent des Spiels. Er darf leicht, luftig, lockend und reserviert zugleich sein. Der Flirt ist die dem Jugendalter eigentlich gemäße Form des Einanderannäherns. Es lässt sich flirtend auch eine Menge über den Charakter eines anderen erfahren, und auch das ist so viel wichtiger, als zu wissen, ob man sexuell zusammenpasst. (Das ist in den meisten Fällen viel mehr vom Seelischen als vom rein Körperlichen abhängig.)

Natürlich darf der Flirt nicht zur unverbindlichen Liebelei entarten, wie überhaupt das Entscheidende beim Umgang mit dem anderen Geschlecht sein muss, dass der Andere als Mensch so geachtet wird, dass seine Würde nicht verletzt wird. Das möchte ich besonders dir und deinen Jahrgangsgenossen zurufen, lieber Christian: Macht euch klar, wieviel heuchlerische List in den modischen Sextrends enthalten ist – nämlich die zur Ausbeutung der Frau (und sie macht die Tour ja willig mit). Dennoch zahlt sich das nicht im mindesten aus. Missbrauch der Natur (und darum handelt es sich hier schließlich auch) schlägt grundsätzlich auf die Übeltäter selbst zurück. Frauen, die durch solche Entwürdigung für die Liebe verdorben werden, sind später einfach nicht mehr in der Lage, liebende, sorgende, treue Ehefrauen zu sein und mit viel Einsatz an Liebe ihre Kinder großzuziehen. Sie tun das dann einfach nicht mehr! Unser Geburtenschwund, der Schwund an Eheschließungen, die Zunahme der Scheidungen und der Abtreibungen macht das alles ganz deutlich, macht auch deutlich, wie das in Zukunft aussehen wird: Eine kinderarme Gesellschaft wird auch eine materiell verarmende Gesellschaft. Darüber hinaus kann die entwürdigte Frau zur kalt berechnenden, zur hassend einfordernden Frau werden. Männer haben bei solchen Frauen nichts zu lachen. Vor allem werden sie oftmals einfach sitzengelassen, und im Alter haben weder die Sexausbeuter unter den Männern noch die als Single lebenden emanzipierten Frauen etwas zu knabbern und zu beißen; denn die Kinder, die ihnen das »Gnadenbrot« geben könnten, sind nicht geboren worden.

Fortschritt ist darin nicht enthalten, so werdet ihr hoffentlich spüren. Der Mann darf die Frau nicht zum Objekt seiner Triebbefriedigung machen. Wenn er das heute im Zeitalter der Emanzipation versucht, wird er die Frau los. Er muss sich dazu erziehen, in ihr seine so lebenswichtige Gefährtin zu sehen, einen Seelenanteil, an dem er lernen kann, seine eigene Seele zu verfeinern. Die Frau will als sein Mitmensch gesehen werden, der ihm von Gott als Gefährte zugedacht ist, damit er nicht allein sei; damit er durch die Aufgaben im Dienst an der Schöpfung nicht überfordert wird. Auch dieses Wissen ist uns abhanden gekommen: Der Körper der Frau bedarf, bis sie Mutter wird, eines besonderen Schutzes. Die Gebärmutter der Frau ist ein kostbares, heiliges Gefäß, heilig deshalb, weil in ihm allein die

Zukunft wachsen kann. Es hat deshalb einen guten Sinn, dass sie bei den Mädchen noch verschlossen ist, damit sie nicht Schaden nimmt, bevor sie ihre eigentliche Aufgabe übernimmt.

Eine Frau lieben heißt, Ehrfurcht vor dieser Gegebenheit zu haben. Eine Frau lieben heißt auch, ihr keinen Schaden, kein Leid zuzufügen – denn nur so kann auch die Seele der jungen Frau heilig gehalten werden. Mangelt es dem jungen Mann an dieser Einstellung, so setzt er sich der ganz großen Gefahr aus, die Seele der Frau zu dämonisieren. Die Frau mit einer vom Mann verwundeten Seele kann zur Hexe werden, die die sexuelle Bedürftigkeit des Mannes kalt und selbstsüchtig für ihre eigenen Zwecke nutzt. Von der Hure bis zur Terroristin sind hier alle Spielarten möglich.

Dies vor allem, Christine und Christian, möchte ich euch zu eurem siebzehnten Geburtstag ans Herz legen: Man kann aus dem großen, heiligen Grundgesetz der Schöpfungsordnung eben nicht einfach so herausspringen oder willkürlich mit ihr herumjonglieren. Geheimnisvollerweise bleibt auch die moderne Frau trotz aller Emanzipation des liebevoll beschützenden Mannes bedürfig. Sie bedarf seiner Umschließung mit Respekt und Liebe, wenn sie das entfalten soll, wofür sie besonders begabt ist: ihre Fühlfähigkeit und die Unterscheidungsfähigkeit für Werte, wodurch die Gemeinschaft des Paares sich zur Vollkommenheit verfeinern kann.

Aber das hat zur Voraussetzung, dass der Mann den Entschluss fasst, die Frau um ihrer selbst willen zu lieben, ja, dass er es sich zur Aufgabe macht, ihr weder leiblich noch seelisch schaden zu wollen. Dann könnte er sogar dazu bereit werden, eventuell einmal die Befriedigung seines

Triebes dieser Form von Liebe zu opfern. Liebe des Mannes zur Frau von dieser Art ist schwer, sie kann wohl nur erbetet werden – aber sie wird mit einer großen, stetig wachsenden Zuneigung der Frau belohnt. Es ist wichtig, dieses zu wissen, Christian; denn nur so kann das konkurrierende Ellbogengerangel der Geschlechter in der Moderne aufhören.

Ich möchte dir deswegen noch ein Geheimrezept verraten: Je mehr du dich mühst, die Seele deiner Frau zu erspüren und sie auf Händen zu tragen, umso weniger entwickelt sie das Bedürfnis, die Herrschaft an sich zu reißen. Die geachtete Gefährtin, die den Mann als einen rücksichtsvollen, einen unegoistischen, einen feinfühligen Menschen an ihrer Seite erlebt, ist dadurch sehr glücklich zu machen, so sehr, dass viele moderne, oft künstlich hochgespielte Probleme gar nicht in Erscheinung treten.

Ihr Jungen, Christian und Christine, habt in diesem Bereich viel zu tun; denn breite Felder sind durch die Übertreibung der Sexualität verwüstet worden. Sie schadet, wenn man sie vergötzt. Es geht für euch um nichts weniger als um die Wiedergewinnung der Liebe in der Geschlechtsgemeinschaft. Ihr habt gewiss das Zeug dazu, hier mit einer Sanierung und Kultivierung neu zu beginnen. Sich im achtungsvollen Lieben für den, den man gern hat, einzuüben, das wünsche ich euch von Herzen für das kommende Lebensjahr!

Im übrigen ist diese Form des Liebens auch keineswegs nur auf gegengeschlechtliche Menschen beschränkt. Es lässt sich an allen Menschen einüben und gibt dort besonders viel her an Wirkung, wo es einem nicht leicht fällt, wo man den anderen nicht spontan versteht, nicht gleich mit ihm von vornherein harmonisiert. Für Jugendliche sind heute z. B. die Eltern schwer zu lieben, weil man sich von ihrer Bevormundung allmählich befreien muss, um selbständig zu werden. Deshalb sind Jugendliche oft allergisch gegen elterliche Pflege, ihr Behüten und Ratgeben. Trotzdem lohnt es sich, dahinter die Liebe, die berechtigte Angst der Eltern um ihre Kinder sehen zu lernen. Das macht es leichter, fair zu bleiben oder – falls man sich ungebührlich benommen hat – sich hinterher dafür zu entschuldigen.

Grundsätzlich ist es doch so: Niemanden lernt man durch Abkanzeln kennen; sondern gerade in den, den man nicht versteht, sollte man lange wieder und wieder geduldig hineinlauschen, um zu ertasten, warum er sich wohl so verhält, wie er sich verhält.

Ich sehe euch lächeln und kann mir vorstellen, was ihr sagen wollt: Aber wie lange hält man das durch? Ist da nicht auch irgendwo eine Grenze? Christine erzählte z. B. bei ihrem letzten Besuch von einer Freundin, die ringsum riesengroße Probleme habe, mit denen sie nicht fertig würde: zu Hause Eltern, die sich täglich zankten und wütend bekriegten; einen Freund, der zwischendurch immer mit anderen Mädchen ginge; in der Schule Misserfolg; Gewichtsprobleme, weil sie all ihren Ärger immerzu durch allzu vieles Essen zu dämpfen suche; ein Mädchen, das nun wie eine Klette an ihr, Christine, hinge. Immer säße sie bei ihr herum, in der Pause klagte sie ihr die Ohren voll; oft käme sie am späten Abend weinend angelaufen, um bei ihr zu übernachten; aber daraus würde dann eher eine durchwachte Nacht. Am Morgen sei alles verräuchert; der Kühlschrank leergefuttert, und du, Christine, seiest vor Übermüdung gänzlich unfähig, in der Schule aufzupassen.

Ja, du hast Recht, Christine, das ist ein typisches Beispiel, wo es zur Liebe gehört, auch eine Grenze zu setzen, weil der andere sie nicht einhält. Deine Freundin überfordert dich. Du hast ihr gewiss lange und geduldig immer, immer wieder zugehört; du hast dich in ihre Lage versetzt und ihr nach bestem Wissen mit Rat und Tat zur Seite gestanden. Aber es gibt leider dieses: dass Menschen zu schwach oder zu träge sind (das lässt sich oft schwer unterscheiden), um aus dem Mitmühen des Anderen etwas zu machen und sich nun wirklich daran zu halten. Sie klammern sich stattdessen an den scheinbar starken Nebenmenschen an, ja, manche saugen sich geradezu an ihm fest wie ein Kängurubaby in der Bauchtasche seiner Mutter. Hier ist in der Tat eine Eingrenzung durch den hilfreichen liebenden Menschen nötig. An diese Stelle gehört geradezu eine »Auseinandersetzung« im wahrsten Sinne des Wortes; am besten bei gleichzeitiger Erklärung, dass diese hier als Hilfe gemeint sei. Das Vereinnahmen des Anderen sollte unterbunden, die Zeit der Zuwendung begrenzt werden. Das führt wohl gelegentlich zum Zerwürfnis, weil die Zurückgedrängten mit Beleidigung reagieren, es ist aber dennoch nötig, um dem anderen sein Verhalten bei mehrfachen Wiederholungen als falsch erkennbar werden zu lassen. Eine solche Auseinandersetzung ist aber auch für den Ratenden selbst nötig.

Ach ja, meine Lieben, der Umgang von uns Menschen miteinander ist schwer! Jeder hat seinen eigenen Standpunkt, jeder seine Ehre und jeder seinen blinden Fleck. Viele Menschen leben gedankenlos ihren Selbstbehauptungswillen, ihren Egoismus aus und haben lediglich eine kleine anerzogene Politur von Höflichkeit, Anpassungsfähigkeit und geheuchelter Freundlichkeit als Maske auf, die es ihnen erleichtert, ihre eigenen Zwecke zu erreichen. Wir brauchen uns darüber nicht zu erheben. Unsere archaische Seele ist eben so viel mächtiger als die Kraft zur Ver-wirklichung des Liebesgebotes! Aber wenn wir das wissen, fällt es uns leichter, die Menschen, die unser Leben be-schweren, zu verstehen und ihnen zu verzeihen, weil wir erkannt haben, dass wir selbst im Grunde genau so und kein Deut besser sind als sie. Diese Einsicht ist ein Schlüssel zur Vergebungsbereitschaft, zur Fähigkeit, dem anderen sein unmögliches Benehmen nicht nachzutragen und es immer neu mit dem Unverbesserlichen zu versuchen.

Das also sind zwei Dinge: dem Schwierigen einen Spie-gel vorzuhalten, sich gegen Beschädigungen (welcher Art auch immer) zu verwahren, um den Anstoß zur Verände-rung geben zu können, und dennoch den anderen nicht zu verwerfen, selbst auf die Gefahr hin, dass er unverbesser-lich bleibt.

Und noch einmal: Dieses System funktioniert nur dann, wenn ihr euch auch eure eigenen Unzulänglichkeiten und Fehler eingesteht, und sie zu bessern sucht. Das ist die un-abdingbare Voraussetzung, um die Menschen eures Umfel-des freundlich, ja nach Möglichkeit liebevoll und geduldig anzunehmen und zu ertragen.

Dies ist ja auch die Bedeutung der Ermahnungen von Jesus Christus: den Balken im eigenen Auge nicht zu über-sehen und dem anderen die linke Backe hinzuhalten, wenn dieser ihm auf die rechte geschlagen hat. Es ist die eigentlich fortschrittliche Möglichkeit, jene Teufelskreise des »Auge um Auge, Zahn um Zahn«, die Eskalation der rächenden Aggression aufzuhalten und das noch archaisch Schwache in uns durch den Geist der Stärke (= Liebeskraft) zu besie-gen.

Freilich brauchen wir uns nicht einzubilden, dass wir das einfach so schaffen; dazu bedarf es einer viel zu großen

Überwindung. Wir schaffen es am ehesten, wenn wir um Kraft dazu bitten (das Vaterunser enthält diese Bitte) und uns vor Augen halten, dass Gott schließlich mit uns Sündern auch nicht die Geduld verliert, sondern uns sogar von unserer Schuld durch seine Gnade befreit hat.

Freilich gibt es auch dies: das feindselige Bedrängt- und Verfolgtsein von Menschen, die Übles vorhaben, die Böses wollen, die es auf unsere Beschädigung, Ausschaltung, Vernichtung bewusst abgesehen haben. Meistens überschreitet es unsere Möglichkeiten, ihnen (die oft auch seelisch krank oder schwach sind) aufzuhelfen. Wir dürfen – mit Christus – in diesen Fällen den Staub von den Schuhen schütteln und uns von ihnen abkehren; wir dürfen uns in Notwehr auch verteidigen oder die Rechtsmittel unseres Staates in Anspruch nehmen. Gott hat uns zum Leben in Freiheit berufen, denn nur so können wir uns für die Liebe entscheiden und ihr zur Verwirklichung verhelfen. Deshalb ist es unser Recht, uns gegen übelwollende, uneinsichtige Angreifer zu verteidigen. Gelebtes Christentum hat diese Voraussetzung. Deshalb dürfen wir uns sogar als Volk gegen kriegerische Übergriffe zur Wehr setzen, die uns auf der Basis eines habgierigen Eroberungsdranges zu vereinnahmen suchen, um uns in eine Staatsform zu zwingen, in der es weder die Freiheit der Religion noch die Freiheit der öffentlichen Äußerung gibt. Die Bereitschaft dazu dokumentiert unser stehendes Heer. Es ist bitter traurig, dass es nötig ist. Ich wünsche mit dir, Christian, von Herzen, dass niemand in der Welt Soldat zu werden brauchte. Wir Erwachsenen haben ein schweres beklommenes Herz, wenn du von deiner Einberufung sprichst. Und doch sind wir stolz auf deine tapfere Mitverantwortung. Wir müssen dafür beten, dass die Russen auch noch die letzten auf unser Land gerichteten Raketen vernichten. Wir müssen dafür beten, dass die frommen Ostvölker wieder ihren Glauben leben können. Anders ist auch der Fortschritt dort nicht zu schaffen; denn wir dürfen nicht vergessen, dass das Ablegen des Maßstabs Gottes ebenso bei den Völkern wie bei uns Einzelmenschen das Raubtier in uns aktiviert. Wir werden für uns selbst zur bitteren Gefahr, wenn wir uns nicht in eigenständiger, persönlicher Entscheidung das Geschirr des christlichen Geistes anlegen.

Oh, das ist ein langer Brief geworden. Bitte verzeiht; aber ich war diesmal ganz besonders bedrängt, euch das mitzuteilen, was ich für wichtig halte.

Von Herzen wünsche ich euch ein fröhliches Feiern!

Eure Patin

Der Beruf
und der Sinn des Lebens

Liebe Christine, lieber Christian!

In der nächsten Woche ist für uns alle ein großer Tag: Ihr beide werdet achtzehn Jahre alt. Ihr werdet wahlmündig vor dem Gesetz, von der nächsten Woche ab könnt ihr über euch selbst bestimmen. Was für ein Ereignis! Ich freue mich mit euch darüber, ich gratuliere euch! Deshalb soll dieser Geburtstagsbrief auch der letzte von der Art sein, wie ich sie euch nun in den vergangenen zehn Jahren geschickt habe; denn sie waren doch als provisorische Stützbalken, als kleine Wegweiser gedacht. Von jetzt ab wäre es eurem Alter nicht mehr gemäß, damit fortzufahren. Ihr seid am Start in ein eigenständiges Leben hinein, der Gesetzgeber sogar billigt euch Selbstbestimmung zu. Ihr seid flügge. Das Fliegen habt ihr mittlerweile gelernt. Uns steht deshalb – mehr als zuvor – Zurückhaltung an. Freilich heißt das nicht, dass ich mich ganz von euch zurückziehen werde. Ich werde sofort hellwach für euch da sein, wenn ihr mich braucht. Ich bin immer bereit, mitzudenken. Immer ist für euch an meinem Tisch Platz und ein Bett da, um euch aufzunehmen, wenn euch der Sinn danach steht. Freilich erwarte ich keine nur formellen Besuche, gewissermaßen aus Pflichtschuldigkeit. Ich denke gar nicht daran, gekränkt zu sein, wenn ihr nicht kommt. Ich

lebe, wie ihr wisst, ein Leben, das in sich selbst ausge-
füllt ist.

Freilich hoffe ich, dass ihr mir Nachricht gebt über be-
deutsame Ereignisse, z. B. über ein abgeschlossenes Exa-
men, über eine Verlobung oder die Geburt eines Kindes,
damit ich mich mitfreuen kann; aber auch über Nöte,
Krankheiten, Unfälle (vor denen Gott euch behüten möge), damit ich euch helfen und vermehrt für euch beten
kann. Dass ihr euer Leben tapfer bestehen mögt, das ist
mein sehnlicher Wunsch, und euer eifriges Bemühen darum wäre für mich der entscheidende Dank, auf den ich
hoffe. Das Hindenken zu mir bei eurem Flug in die Welt
darf gut und gerne in den Hintergrund treten. Ich erwarte
keine Postkartengrüße und keine Dauerberücksichtigun-
gen. Erwartungen dieser Art vergällen die Atmosphäre und
vergiften sie. Ich verspreche euch, davon Abstand zu nehmen. Auch ich möchte euch freigeben, wirklich frei – und
euch dennoch um die Zufluchtsmöglichkeit für Krisen-
zeiten wissen lassen.

Dies ist gewissermaßen nur als grundsätzliche Rückver-
sicherung für euch geschrieben. Im Grunde steht ihr so
oder so am Beginn eines Stadiums, das euch von mir ein
beträchtliches Stück in die Ferne rückt. Und das ist auch gut
und richtig so.

Aber bevor ich und ihr miteinander in dieses neue Sta-
tium eintretet, möchte ich mit diesem Brief doch noch kräf-
tig die Trommel rühren. Ich möchte versuchen, euch die
Dinge, die ich als Lebensgepäck für die wichtigsten halte, in
meinem Brief gesammelt darzustellen. Ich möchte euch gewissermaßen die Bilanz meiner Lebenserfahrung darlegen.
Ich liebe euch doch und möchte, dass ihr bestmöglich für die
große Kletterpartie Leben ausgestattet seid!

So möchte ich euch z. B. vor der trügerischen Vorstellung warnen, euch jetzt schon für absolut fertig, für absolut lebenstüchtig zu halten. Ein berauschter, die Kräfte überschätzender Sturz ins kalte Wasser Leben kann tödlich sein. Theoretisches Wissen ist nicht mit Erfahrung gleichzusetzen. Der gerade Weg ist ein schmaler Grat und das Straucheln praktisch bei jedem Schritt möglich. Es ist eine fatale Selbstüberschätzung, erst einmal alles ausprobieren zu wollen. Wir probieren auch keine Knollenblätterpilze und keine Tollkirschen aus! Fragt lieber die, die euch lieben, genau wie beim Pilzesammeln, wenn euch eine Sache, gleich welcher Art, nicht ganz einwandfrei erscheint. Unterlasst das nicht, weil ihr meint, ihr müsstet von heute auf morgen mit allen Dingen allein zurechtkommen. Fürchtet euch nicht, etwas, was euch beschämt, euch selbst einzugestehen – und eventuell auch den vertrauten Personen, die mithelfen können, dass falsche Anfänge sich nicht zu Dauerkatastrophen ausweiten und die etwas tun können, damit etwas schon Schiefgelaufenes korrigiert werden kann. Wehrt deshalb den Anfängen! Keiner von uns wird euch verachten, beschimpfen oder wegschicken, wenn ihr kommt und uns einen Fehler eingesteht. Wir Älteren haben unser Leben lang ebenfalls Fehler gemacht; ich schaffe es auch heute noch nicht einmal, in meinem Alltag Ausrutscher zu vermeiden. Ich werde mich deshalb auch gegenüber euch nicht auf ein hohes Ross setzen.

Für mich ist zur Zeit die Frage enorm spannend, wo wohl euer Platz in diesem Leben sein wird. Im Augenblick ist in dieser Hinsicht noch alles offen: Ihr sitzt noch auf Schulbänken, ihr habt noch keine endgültige Wahl für einen bestimmten Partner getroffen. Christine möchte vielleicht doch ganz bei der Flöte bleiben, Christians Fachschule bereitet auf soziale Berufe vor. Ich fand es gut, dass ihr im Hinblick auf die Berufswahl bei eurem letzten Besuch so oft das Wort »vielleicht« gebrauchtet. Es ist richtig, sich nicht schon von Anfang an starr festzulegen. Offenheit ist besser. Denn was ist ein Beruf? Wenn wir das Wort in seiner ursprünglichen und eigentlichen Bedeutung nehmen, hat er etwas mit einem Ruf zu tun, also mit einer Anrufung.

Einen echten Beruf können wir im Grunde gar nicht selbst wählen. Schließlich können wir uns nicht selbst rufen und berufen. Wir werden vielmehr gerufen. Es ist deshalb sinnvoll, auch in dieser Hinsicht für das offen zu sein, was auf uns zukommt. Das, was sich anbietet, das, was für uns (auf dem Boden unserer Interessen und ausgebildeten Begabungen) möglich wäre, das sollte man fragend in Erwägung ziehen, dem sollte man horchend nachgehen. Dazu gehört natürlich auch, dass man nicht starr den Kopf an verschlossenen Türen einrennt. Ich muss nicht unbedingt Lokomotivführer werden, obgleich ich seit dem fünften Lebensjahr diesen Wunsch immer wieder einer lachend zustimmenden Familie vorgetragen habe, wenn sich mit Achtzehn zeigt, dass zum Beispiel meine gärtnerische Begabung und mein Interesse für die Natur inzwischen vorrangig geworden sind und außerdem bei der Bahn zurzeit sowieso keine Ausbildungsplätze vorhanden sind. Das sollte allerdings noch kein Grund zur Entmutigung sein. Es könnte doch sogar ein Fingerzeig sein, dass der »Ruf« uns in eine andere Richtung weisen will. Ich kann im Rückblick auf mein eigenes Leben staunend feststellen, wie wenig das, was schließlich daraus wurde, mit meinen kindlichen Wunschträumen übereinstimmte. Es ist deshalb besser, offen und positiv den Möglichkeiten gegenüber zu stehen, sich gewissermaßen nach der Decke zu strecken, weil sich dann in einer erstaunlichen Weise oftmals gerade das verwirklicht, was man als unser »Selbst«, unseren eigentlichen Wesenskern bezeichnen könnte. Als junge Menschen können wir noch nicht erkennen, auf welchen verschlungenen und undurchsichtigen Wegen wir schließlich zu unseren Lebensberufen geführt werden. Erst hinterher stellen wir dann vielleicht fest: Sie stimmten, sie waren uns im wahrsten Sinne des Wortes bestimmt – von Gott!

Mit dieser Auffassung, die ich – wie gesagt – erst im Nachhinein erwarb – zu starten, hat sicher viel Positives für sich – und ich möchte sie euch deshalb wünschen. Als erstes: Man bleibt flexibel. Man hält das einem »Geschickte« nicht einfach nur für etwas Dummes, womöglich behinderndes Zufälliges, sondern man nimmt selbst die behindernden Barrieren als einen Hinweis, dass es hier nicht weiter, sondern woanders entlang gehen soll. Man gerät also nicht so leicht in die Verzweiflung, wenn, um mit Goethe zu sprechen, »nicht alle Blütenträume reifen«.

Bei dieser Auffassung bleibt man auch zuversichtlicher, ruhiger, man bekommt dann nicht so leicht Angst, dass man im Vergleich mit anderen ins Hintertreffen geraten könnte; denn man empfindet sich als geführt, als von Gott gehalten. Freilich kann diese Einstellung nur dann richtig sein und sich positiv auswirken, wenn sie gleichzeitig mit einem inneren Eifer gekoppelt ist. Wenn wir mit dem Gebet im Herzen: »Weise du, Herr, mir *deinen* Weg« eine innere Gelassenheit genießen wollen, dann müssen wir wissen, dass uns dennoch in dieser Situation ansteht, hellwach zu fragen, was möglich ist, und diese Möglichkeit dann in bemühter Regsamkeit zu suchen. Gott ist schließlich keine verwöhnende Großmutter. Er lässt keine gebratenen Tauben in den Mund fliegen. Er zeigt offenbar nicht den Weg, der uns bestimmt ist, wenn wir träge und taub und unbeweglich sitzen bleiben. Die angebotenen Fäden wollen und sollen aufgenommen und verwebt werden. Es ist in gewisser Weise auch gut, mehrere Eisen im Feuer zu haben. Diese Haltung ist im Grunde auch die eines aktiven Christen; denn er versteht sich als einer, der persönlich von Gott zur freien Mitarbeit geschaffen ist, und zwar als einer, der dabei weder ersetzbar noch austauschbar ist, sondern gerade mit seinen mitgegebenen Eigenschaften in dieser vorhandenen Situation seinen Lebensauftrag erfüllen soll. Der Eifer wächst mit der Erkenntnis, dass die Berufsweisen zwar außerordentlich unterschiedlich sein können, dass sie aber, entsprechen sie nur der von Gott gemeinten Bestimmung, allesamt einander gleichwertig sind.

Es ist enorm wichtig, dass ihr euch in dieser Hinsicht nicht von weltlichem Prestigedenken ablenken lasst; denn das enthält eine falsche Rangordnung. Es ist nicht einfach der Universitätsprofessor mehr wert als seine Putzfrau, nur weil er eine akademische Karriere gemacht hat. Es kommt in der Rangordnung Gottes darauf an, ob diese beiden Berufe den Möglichkeiten ihrer Träger entsprechen, d. h. ob sie sich nach Kräften um die Ausbildung und den Einsatz ihrer realen Möglichkeiten bemüht haben, und es kommt außerdem darauf an, in welchem Geist man seiner Berufung nachgeht: im Geist der Mitmenschlichkeit, der Freundlichkeit, der Bescheidenheit oder im Geist egoistischer Herrschsucht und kaltschnäuzigen Hochmuts. Die eine wie die andere Haltung kommt sowohl bei Universitätsprofessoren wie bei Putzfrauen vor.

Ich möchte euch das in meinem letzten Brief deshalb so gern fest zum Bewusstsein bringen, weil unsere Zeit auf dem Boden selbst gemachter Rezepte zur Abschaffung von Ungerechtigkeit auf diesem Feld in eine Sackgasse geraten ist: Weil in unserem technisierten Leben die Begabung für theoretisches Denken einen so wichtigen Stellenwert bekam, begann man die akademischen Berufe einseitig überzubewerten. Weil man meinte, jeder könne von Menschen zu dem gemacht werden, was sie selbst für das Wichtigste halten, begann man alle Menschen auf den Schulen einem Übermaß an theoretischem Denken auszusetzen in der Vorstellung, ihnen damit zu einer gleichen Hochwertigkeit zu verhelfen. Das war unter den Anmaßungen unserer Zeit eine echte Großsünde; denn es wurde viel zu wenig respektvoll nach der Ausbildung anderer ebenso wertvoller Begabungen, z. B. den praktischen, sozialen, handwerklichen und musischen Begabungen gefragt.

Ihr müsst unbedingt mithelfen, diese unsinnige Einstellung unseres Zeitgeistes zu ändern, und zwar zunächst dadurch, dass ihr Menschen mit den unterschiedlichsten Berufen in eurem Umfeld die gleiche Hochachtung zollt und vor allem auch mit einer echten Wertvorstellung an eure eigene Berufsfindung herangeht. Die Frage darf nicht heißen: Wie komme ich zu dem größtmöglichen Ansehen, wie komme ich zu dem Job mit dem besten Verdienst, sondern wie und wo kann ich wohl am besten meine wirklichen Begabungen entfalten und anwenden. Es ist auch keineswegs unrealistisch, wenn Christus uns zuruft: »Trachtet zuerst nach dem Reich Gottes, dann wird euch dieses alles zufallen«, denn die Auffassung, dass unser Leben ein Dienst für Gott ist, macht eifriger, gehorsamer und dadurch auch treffsicherer für den wirklichen, den echten »Be-ruf«.

Damit wir uns nicht falsch verstehen, möchte ich aber hinzufügen: Diese Auffassung berechtigt keineswegs zu der in Mode gekommenen allgemeinen Verachtung der Leistung und des Geldes. Die Ideologie der Armut, die in der jungen Generation hochgezüchtet worden ist, hat in dieser Form nämlich eine heuchlerische Note, die eine leichtfertig überhebliche Kritik an der sogenannten »bürgerlichen« Lebensform enthält. Die gewollte Verdrecktheit, die künstliche Verschlissenheit (die den Modemachern übrigens viel Geld einbringt, weil die Jungen so viel mehr einkaufen als die Alten) basiert in vielen Fällen nicht auf echtem Verzicht, nicht auf überwindender Anspruchslosigkeit, sondern sie gaukelt dies lediglich vor. Der Status beruht häufig nicht darauf, dass arm und arbeitsam gelebt wird, sondern dass man das lediglich durch seine Kleidung äußerlich vorgibt oder, schlimmer noch, dass irgendwer diesen mehr konsumierenden als erarbeiteten Lebensstil bezahlt – oft die Eltern, häufiger noch die Steuerzahler. Das hat mit Courage nicht das mindeste gemein. Es ist Parasitentum und steht in krassem Widerspruch zum Lebensauftrag durch Gott. Der Mensch, der sich in eine Beziehung zu seinem Schöpfer stellt, ist Realist und kein Träumer. Er weiß, dass das Leben kein Paradies ist und dass er infolgedessen keinerlei Anspruch darauf hat, dass ihm die Pfirsiche in den Mund wachsen. Weil das so ist, hat er die Aufgabe, sich seinen Lebensunterhalt selbst zu erarbeiten, wenn er gesund und erwachsen ist. Erst aus der Erfüllung dieser elementaren Pflicht wachsen ihm Rechte zu, nicht umgekehrt. Danach zu trachten, seinen eigenen Lebensunterhalt zu verdienen, hat mit Kapitalismus, ja auch mit Materialismus oder mit einem Widerspruch zu einem christlichen Leben nichts zu tun. Es ist vielmehr selbstverständlich. Alles andere ist unmündig, verantwortungslos und gemeinschaftsschädigend.

Unser Herrenwort bezieht sich lediglich darauf, dass wir diese vorhandene materielle Grundlage nicht zu unserem vorrangigen oder gar alleinigen Lebensziel werden lassen. Christus macht uns in seinem ganzen Leben und Denken doch gerade dies deutlich: dass der Mensch über die Erfüllung seiner materiellen Bedürfnisse hinauswachsen soll und kann, weil er allein unter den Geschöpfen in der Lage ist, den Sinn und das Ziel der Schöpfung, den Willen Gottes, zu erkennen und auf dem Boden dieses neuen Bewusstseins die Prioritäten anders zu setzen. Dabei sollen wir aber keineswegs das Kreatürliche, Materielle außer Acht lassen. Es zahlt sich gewiss nicht aus, wenn man sein Pfund (seine Begabung) vergräbt (sich auf die faule Haut legt), sich von den Arbeitenden aushalten lässt und sie dafür als »Kapitalistenschweine« beschimpft.

Damit sind wir bereits bei einem weiteren Thema, das uns am Herzen liegt. Worauf beruht es, dass sich so viele junge Menschen von selbstzerstörerischen Kampfparolen vereinnahmen lassen? Es liegt an der fehlenden Bemühung, durch genaue realistische Beobachtung und gründliches kritisches Nachdenken einen möglichst objektiven Standpunkt zu gewinnen. Es liegt an einer Neigung zu unzulässiger Verallgemeinerung und einem gedankenlosen Mitschwimmen im modernen Strom der Verteufelungen. Gewiss gibt es das Ausbeuten Schwächerer mit Hilfe von Macht und Geld. Gewiss ist das eine immerwährende Gefahr für uns alle: dass wir geldsüchtig werden; dass wir eben nicht zuerst daran mitarbeiten, dass Gottes Reich, das Reich der Liebe, hier auf Erden wächst, sondern in eine vertrackte Selbstsucht geraten. Sie ist als erstes einmal für den Süchtigen selbst tief bedauerlich, und wir können uns gar nicht genug immer wieder vor diesen Suchtformen warnen lassen. Aber das berechtigt nicht zu einer Verteufelung der Bereitschaft des Einzelnen, sich zum Beispiel Besitz zu erwerben, und erst recht nicht zu einer Protestbewegung derer, die sich letzten Endes auf Kosten anderer zu Verfechtern einer Ideologie der Armut hochstilisieren.

Ich möchte euch nachdrücklich ermuntern, zu Ende zu denken und die verschiedenen Aspekte des Problems klar genug zu unterscheiden. Wenn sich in einer Suppe ein Haar findet, ist schließlich nicht für alle Zeiten Suppe ungenießbar und auskippenswert.

So ist z. B. auch der Staat nicht deswegen abschaffenswert, weil es in der Geschichte immer wieder machtberauschte Diktatoren gab, die sich der Macht bedienten, um die Beherrschten in Unglück und Elend zu stürzen. Damit das bei uns nicht wieder geschieht, deshalb ist unsere Staatsform eine liberale Demokratie, d. h. dieser Gefahr wird durch das Kontrollorgan Parlament, das mit gewählten Volksvertretern besetzt ist, entgegengesteuert. Der Staat wäre schließlich nur dann abschaffbar, wenn wir alle nicht verführbar wären und mit einem Überbewusstsein, einem Übereinblick und mit einem untrübbaren Verantwortungsgefühl für die anderen ausgestattet wären. Aber wer von uns ist denn so? Wer kann je hoffen, einen solchen Grad der Vollkommenheit in seinem Leben zu erreichen? Das zu hoffen, ist bereits Überheblichkeit! Vielmehr kann die Versuchbarkeit des Menschen in Wirklichkeit gerade das Gegenteil verdeutlichen: Kaum lockert man die Gesetze, die uns vor dem Rechtsbruch durch die Androhung von Bestrafung bewahren, so nutzen wir mehr und mehr diese neue Wahlfreiheit aus, um das Schädliche zu tun, ja, wir kommen ganz rasch auf die schreckliche Fehlvorstellung: Wenn viele es tun, dann ist es wohl auch recht!

Das ist z. B. in den letzten Jahren in makabrer Weise deutlich geworden, als man die Straffreiheit der Abtreibung eingeführt hat (doppelt so viele Frauen treiben heute ab, nur weil sie das Kind nicht haben wollen und obgleich wir wissen, dass es von Anbeginn an ein schon fühlender Mensch ist – ein kostbarer Entwurf Gottes, können wir Christen hinzusetzen –, den wir zu vernichten wagen).

Aber wir brauchen gar nicht erst so weit zu gehen: In jedem von uns regt sich das Böse und wagt, sich auszubreiten, wenn uns das Gesetz nicht bei der Stange hält. Viele haben sich z. B. durch die Ausbeuterparolen dazu verführen lassen, regelmäßig in Selbstbedienungsläden zu stehlen. Das wird auch nicht dadurch gerechtfertigt, dass es oft lange nicht entdeckt und nur sehr milde bestraft wird. Es bleibt eine objektive Beschädigung der anderen, aber vor allem: eine seelische Beschädigung des Rechtsbrechers selbst. Haltet euch also nicht für zu sicher und zu unanfechtbar dem Bösen gegenüber! Denkt nur, wie rasch wir alle dazu neigen, mit der Grenze zwischen Gut und Böse schlampig umzugehen. Stellt euch z. B. vor, die Verkehrsordnung würde abgeschafft. Wie rasch würden wir alle anfangen – zumindest wenn wir es eilig haben – mit unseren Autos in den geschlossenen Ortschaften zu rasen. Wie furchtbar wäre es dann doch, dabei einen Menschen zu überfahren und dadurch lebenslänglich unglücklich zu werden, lebenslänglich mit der Schuld, getötet zu haben, beladen zu sein!

Es ist so bitter nötig, dass wir den Staat als eine für uns schwache Menschen nötige und uns vor unserer eigenen Schlechtigkeit schützende Institution erkennen, die allein zu diesem Zweck von Kulturvölkern gegründet wurde und die heute aus diesem Grunde auch in Entwicklungsländern neu gegründet wird. Der Staat ist eine ebenso notwendige wie sinnvolle Einrichtung – und damit die Regierenden nicht mit ihrer Macht Missbrauch treiben, müssen wir selbst mit hellwach bleiben.

In einer liberalen Demokratie ist dies möglich. Weil ihre Bürger wählen können, haben sie den Staat, den sie verdienen. Junge Menschen heute werden fortgesetzt zu einer gefährlichen Vernebelung und Unterscheidungslosigkeit im Hinblick auf diese Grundgegebenheiten aufgehetzt. Es ist so wichtig, dass ihr euch zum Staat positiv einstellt und mithelft, dass er zum Wohl aller optimal funktioniert. Dass er das zurzeit nicht tut, liegt zu einem großen Teil daran, dass gerade die jungen Menschen nicht klar genug mit dem Umstand vertraut gemacht wurden, dass es ihre Aufgabe ist, aus Verantwortung für die Schwachen und aus Liebe auch zu sich selbst diesen Staat mitzutragen. Stattdessen wurden durch die Medien bei uns immer mehr Menschen dazu angehalten, den Staat als eine ungeliebte Kuh anzusehen, die jeder nach Kräften bei jeder Gelegenheit zu melken berechtigt sei, ohne sich gleichzeitig für ihre Pflege verantwortlich zu fühlen. Dieses gefährlich kurzsichtige Verhalten hat mittlerweile dazu geführt, dass unsere Staatskuh in einem beklemmend desolaten Zustand ist und allmählich selbst für die, die sie dringend brauchen, keine Milch mehr gibt. Von dieser schädlichen Einstellung dürft ihr euch nicht einfangen lassen! Sorgt für euch selbst! Ihr seid gesund und jung! Es ist nicht wahr, dass sich nicht jeder sein tägliches Brot selbst erarbeiten könnte. Nehmt aus den öffentlichen Kassen nur dann etwas, wenn alle Stricke reißen. Fühlt euch als Mitträger des Staates, dann werden eure Vertreter auch für das allgemeine Wohl genug Gedeihlichkeit erreichen können.

Eine ähnliche Unfähigkeit zur Unterscheidung von gutem Brauch und bösem Missbrauch liegt auch bei vielen

Argumenten gegen den Glauben vor. Es bleibt z. B. die Lehre Christi auch dann der Weg, die Wahrheit und das Leben, wenn irgendwelche Kirchenleute damit Missbrauch treiben. Sie ist nicht dadurch ad absurdum zu führen, dass es die Inquisition und die spanischen Conquistadoren gab. Das zeigt, wie wichtig das zweite Gebot ist, dass es deswegen auch mit an vorderster Stelle in den Zehn Geboten steht. Es ist nötig, weil Menschen mit dem Namen Gottes auf den Lippen Sünden begehen können. Aber gerade dies belegt die biblische Aussage von A bis Z. Sündige Kirchenvertreter sind kein Beweis gegen, sondern für die Wahrheit der Bibel.

Unser Zeitgeist hat eine Neigung zum »Rundumschlag«, die auf eben dieser mangelnden Bereitschaft zur Unterscheidung gründet. Es ist also äußerst wichtig, euch diese Gefahr vor Augen zu halten, damit ihr nicht auf Abwege geratet. So ist es zum Beispiel nötig, den Missbrauch, der mit der Natur getrieben wird, einzudämmen; aber doch nicht so, dass wir nun alle Technik zum Teufel jagen. Sie darf – wo wir unsere Grenzen einhalten – unser Leben erleichtern; das aber wird uns nur dann zum Segen geraten, wenn wir die Zeit, die wir durch all die für uns arbeitenden Maschinen gewonnen haben, dankbar nutzen, statt Programme zur Freizeitvergeudung zu entwerfen.

Diese Warnung besagt nicht, dass wir damit für einen pausenlosen, mit harten Pflichten erfüllten Alltag plädieren. Auch das Auskosten von Lebensfreude steht im Dienst für Gott, wenn es bewusst und dankbar geschieht, auch der volle Genuss des Schönen darf unter diesem Vorzeichen nicht nur sein, er gehört geradezu zur Heiligung des Feiertags. Andererseits ist ein Leben, das in der Verantwortung vor Gott gelebt wird, nicht deshalb in unzulässiger Verallgemeinerung verdammenswürdig, weil es Menschen gegeben hat, die missbräuchlicherweise unter der scheinheiligen Etikettierung »Pflicht, Gesetz und Ordnung« Menschen gequält und sich ihrer für ihre Zwecke bemächtigt haben.

Wenn wir in all diesem fatalen Durcheinander wieder eine klare Linie gewinnen wollen, dann ist es grundsätzlich wichtig, uns bei den strittigen Fragen, die uns auf unserem Lebensweg begegnen, um eine angemessene, realistische Unterscheidung zwischen Positivem und Negativem zu bemühen. Die Voraussetzung dazu ist freilich, dass wir einen Maßstab in unserem Rucksack mit uns führen; denn es ist eine moderne Lüge, dass letztlich alles eine respektable Berechtigung, eine gleiche Gültigkeit habe, weil ja alles im Grunde allein von der jeweiligen »Gesellschaft« gemacht sei.

Aus diesem Wirrwarr können wir nur durch die Anerkennung eines letztgültigen Absoluten herausfinden. Es muss der Maßstab Gottes sein, den wir bei solchen Fragen anlegen, denn er enthält eine zeitlose Messlatte. In den Zehn Geboten und im Evangelium ist sie zu finden. Um auf der abschüssigen Lebensbahn besser das Gute vom Bösen unterscheiden zu können, hat Christus wohl auch seinen Jüngern vor seiner Hinrichtung so eindringlich empfohlen, alles, was sie hätten, zu verkaufen und sich dafür Schwerter zu erwerben. Das Schwert ist jenes Instrument, das scharf zertrennt – es ist das Instrument der Unterscheidung. Als ein solches Symbol ist es hier wohl gemeint.

Leben, ihr Lieben, ist gewiss kein Spaziergang durch paradiesische Gefilde. Es fordert alle unsere Kräfte. Freilich, so haben wir erfahren: Es kann auch schön werden und reiche Frucht tragen, wenn man sich ihm stellt und sich nicht voll Angst in einen Winkel verkriecht. Es enthält natürlich immer auch einmal sehr harte Strecken voller Not und Elend, was wir uns meistens dadurch einhandeln, dass wir die falsche Entscheidung trafen oder es versäumten, unsere Messlatte im richtigen Augenblick anzulegen.

Manchmal geschieht es freilich auch, dass wir in den Sog des Mitgefangen- Mitgehangen großer kollektiver Sünden geraten; und manchmal schlägt das Schicksal auch zu, ohne dass wir über lange Strecken verstehen können, warum wir so gerüttelt werden. Dunkelheit bleibt niemandem erspart auf seinem Weg. Das ist ebenso wichtig zu wissen wie daran festzuhalten, dass sie nicht bleibt. Jede Nacht, sei sie noch so schwarz, hat ein Ende und hat zur Folge, das Licht umso dankbarer und tiefer genießen zu können.

In den letzten Jahren sind mir freilich immer wieder besonders junge Menschen begegnet, die meinen, dass solche Lebenserfahrungen für uns Heutige an eine Grenze ihrer Wahrheit stoßen: Die Vernichtbarkeit der Erde durch die atomare Bewaffnung scheint ihnen einen Optimismus dieser Art ad absurdum zu führen. »No future« konstatieren sie hoffnungslos. Kein Zweifel: Für einen Menschen, für den der christliche Glaube keine Gültigkeit besitzt, ist dieses eine berechtigte Schlussfolgerung. Aber auch im Hinblick auf diese so brennend aktuelle Frage kann eine Einstellung auf dem Boden des Christentums den Lebensmut trotz unserer bedrohlichen Situation erhalten; denn für den Bibelkenner ist der Gedanke an die Vernichtung der Erde nichts Neumodisches. Diese Erde wird vergehen, lässt sich dort im Alten wie im Neuen Testament nachlesen; aber aus der Apokalypse folgt dennoch ein neuer Morgen: der endgültige Sieg der Liebe über alles Dunkle und Böse, die Wiederkunft Christi, die absolute Verwirklichung des

Reiches Gottes. Laut Bibel besteht der Lebenssinn von uns Menschen nicht nur darin, an der Verwirklichung des Reiches der Liebe durch Liebestaten in unserem kleinen Erdenleben mitzuarbeiten (Taten, die dadurch eine ewige Gültigkeit erhalten), sondern darüber hinaus haben wir Heutigen noch einen ganz besonders wichtigen Auftrag: Laut Matthäus 24 weiß zwar niemand, wann die Erde untergeht. Aber es geschieht erst, wenn die Liebe in der Welt erkaltet. Wer also von der brennenden Sorge um den Frieden erfasst ist, der möge das Allerwichtigste zur Verhinderung des Atomkrieges tun: nämlich so viel er kann in seinem persönlichen Bereich – soweit seine Kraft nur reicht – dafür zu sorgen, dass die Liebe in den Herzen der Welt hell und lodernd am Brennen bleibt.

Dienst für den Frieden ist nicht nur durch jeden Einzelnen nötig, er ist auch möglich, indem wir uns selbst darum reißen – soviel als nur in unserer Macht steht – uns um Frieden, Liebe, Barmherzigkeit, Solidarität, Freundlichkeit, Höflichkeit, Vergebungsbereitschaft in unserem täglichen Alltag zu bemühen.

Die Verheißung: Der Sieg des Lichts über die Finsternis, der Sieg Gottes über den Teufel, der Liebe über den Hass, des ewigen Lebens über den Tod ist uns Christen verbrieft und ist eine enorm wichtige Ausstattung für das Lebensgepäck; denn diese Gewissheit fördert die Kraft zum Durchhalten, auch wenn der Weg unwegsam zu werden scheint. Bergan zu gehen, Schritt für Schritt, mit einer zähen Beharrlichkeit, dazu befähigen diese Gewissheiten.

Unsere Geschichte, speziell unsere Zeit, kann uns verdeutlichen, dass menschliche Tüchtigkeit nicht ausreicht, um der Welt zum Fortschritt an Menschlichkeit, Frieden und Freiheit zu verhelfen. Wir müssen uns unsere Aufträge demütig zuteilen lassen, nur dann wird die Ausführung etwas taugen.

Liebe Christine, lieber Christian, ein bisschen fürchte ich mich davor, dass meine Briefe, die nun als Wegweisungen für euch durch die Jahre hindurch vor euch liegen, von euch vielleicht doch als moralinsaure Nötigungen missverstanden werden könnten. Ich möchte euch deshalb noch einmal nachdrücklich versichern, dass niemand den Anspruch erheben darf, euch seine eigene Auffassung aufzuzwingen. Auch ich kenne nicht die letzten Geheimnisse Gottes. Aber ich habe versucht, aus den Fehlern zu lernen, den die Herrschenden in unserer Zeit und auch ich persönlich machte. Ich habe also nicht im Sinn, überheblich zu sein. Ich möchte nur nicht die Dinge verschweigen, von denen ich meine, dass sie für euch hilfreich sein könnten. Ich möchte euch auf einer höheren Bewusstseinsebene ins Leben starten sehen als der, auf der ich selbst begann. Deshalb möchte ich euch noch einen kleinen Katalog beherzigenswerter Grundsätze mit auf den Weg geben, die euch noch einmal als Quintessenz das in den Briefen Gesagte vermitteln wollen.

1. Setzt all euer Vertrauen auf Gott und erbittet euch von *ihm* eure Kraft. *Er* allein ist der Garant eines Lebensmutes, der in den Krisen durchhält. Nicht wir Menschen, Gott allein ist die Quelle der Kraft, aus der wir leben können.

2. Haltet euch nie für fertig, für vollkommen. Nur dann könnt ihr bis an euer Lebensende Lernende und Reifende bleiben.

3. Haltet euch eher für schwach als für stark. Selbsttäuschung dieser Art kann Wachsamkeit und wirklichkeitsgerechte Einschätzung von Kräften und Situationen verhin-

dern und Überheblichkeit zur Folge haben. Mit Recht sagt das Sprichwort, dass der Hochmut vor dem Fall kommt.

4. Glaubt an euren Wert als eine kostbare Schöpfungstat Gottes; vergesst aber gleichzeitig nicht, jedem Menschen die gleiche Achtung und Wertschätzung entgegenzubringen. Hütet euch vor Herabsetzung, Klatsch, Intrige und Raub, gleich ob materieller oder geistig-seelischer Art. Vermeidet es grundsätzlich, anderen zu schaden. Haltet das Lebensrecht eurer Mitmenschen heilig.

5. Seid barmherzig zu anderen (selbst, wenn sie Unrecht haben); denn auch ihr seid der Barmherzigkeit der Menschen, vor allem aber Gottes, bedürftig. Seid vergebungsbereit gegen die, die euch kränken, verletzen oder beleidigen und tragt ihnen nichts nach.

6. Lasst euch nicht von Menschen beirren, die euch – aus welchen Gründen auch immer – fortgesetzt und, ohne eure vergebungsbereite Haltung zu beachten, nicht wohlwollen. Geht eurer Wege, wenn euch Streithähne verfolgen.

7. Vermeidet Selbstmitleid. Bemüht euch in beklagenswerten Situationen, ihnen etwas Positives abzugewinnen, indem ihr euch bemüht, einen Sinn darin zu finden, oder euch ausmalt, in welcher Weise eine andere Situation viel schlimmer sein könnte.

8. Fangt trotz Rückschlägen und Schwierigkeiten immer neu an. Bleibt am Ball. Beharrlichkeit führt zum Ziel! Handelt selbst, statt von anderen etwas für euch zu erwarten.

9. Vermeidet es, euch mit anderen zu vergleichen. Vergleicht euch mit euch selbst und registriert die Schritte, die ihr bereits nach vorwärts gemacht habt.

10. Bleibt euch selbst treu, indem ihr euch bemüht, andere Menschen zu verstehen, ohne euch an sie auszuliefern. Steht Modeströmungen kritisch gegenüber und lauft nicht gedankenlos mit. Was viele tun, wird nicht dadurch einfach gut, dass es viele sind.

11. Seid genügsam. Nur auf dem Boden innerer Bescheidenheit blüht die Lebensfreude am Unerwarteten.

12. Haltet haus mit euren Kräften, überschätzt sie nicht, weder eure materiellen und körperlichen noch die geistigen und seelischen, d. h. konkret: Vermeidet es, Schulden zu machen, gebt eurem Leib die Möglichkeit, gesund zu bleiben und sich zu erholen. Haltet euch nicht für den Atlas der Weltverbesserung. Glaubt nicht, dass euer Mantel groß genug ist, alle Leidenden der Welt unter ihm zu bergen. Tut das Naheliegende, das, was euch vor eure Tür gelegt wird, das euch Angemessene, das euch real Mögliche.

13. Verratet den Gehorsam gegenüber Gott nicht an einen selbstischen Gewinn. Unterstellt euren kreatürlichen, rücksichtslosen Selbstbehauptungswillen diesem Maßstab.

14. Sucht die Liebe in der Welt zu mehren, um so euren wichtigsten Lebensauftrag zu erfüllen.

So, nun fliegt in die Welt. In Gedanken begleite ich euch mit den herzlichsten Wünschen.

Eure Patin

hänssler

Weitere Bücher von Christa Meves:

Ich will mich ändern

Liebesbriefe an meinen Ehemann
Tb., 128 S.,
Nr. 392.844, ISBN 3-7751-2844-1

*»Dein Brief riecht... frühlingshaft-frisch, stark... So direkt
hast du noch nie zu mir gesprochen...«* Ausgelöst durch
einen Herzinfarkt kommt jahrelang Unausgesprochenes
zur Sprache. Verfolgen Sie anhand der Briefe, wie eine
Krise zu einer neuen vertieften Partnerschaft führen kann.

Ohne Liebe geht es nicht

Mütterprobleme ernst genommen
Tb., 136 S.,
Nr. 392.809, ISBN 3-7751-2809-3

Sind Sie als Mutter oft am Rande der Überforderung?
Machen Ihre Kinder einfach, was Sie wollen? Praktisch und
liebevoll gibt die erfahrene Psychologin Ermutigung und
konkreten Rat.

Bitte fragen Sie in Ihrer Buchhandlung nach diesen Büchern!
Oder schreiben Sie an den Hänssler-Verlag, Postfach 12 20,
D-73762 Neuhausen.